Maxim Weinmann

Social Media Communication im Personalmarketing

Eine Studie zu Möglichkeiten und Implementierung am Beispiel des Auszubildenden-Recruitings der DACHSER GmbH & Co. KG

Diplomica Verlag GmbH

Weinmann, Maxim: Social Media Communication im Personalmarketing: Eine Studie zu Möglichkeiten und Implementierung am Beispiel des Auszubildenden-Recruitings der DACHSER GmbH & Co. KG. Hamburg, Diplomica Verlag GmbH 2013

Buch-ISBN: 978-3-8428-8605-6
PDF-eBook-ISBN: 978-3-8428-3605-1
Druck/Herstellung: Diplomica® Verlag GmbH, Hamburg, 2013

Bibliografische Information der Deutschen Nationalbibliothek:
Die Deutsche Nationalbibliothek verzeichnet diese Publikation in der Deutschen Nationalbibliografie; detaillierte bibliografische Daten sind im Internet über http://dnb.d-nb.de abrufbar.

Das Werk einschließlich aller seiner Teile ist urheberrechtlich geschützt. Jede Verwertung außerhalb der Grenzen des Urheberrechtsgesetzes ist ohne Zustimmung des Verlages unzulässig und strafbar. Dies gilt insbesondere für Vervielfältigungen, Übersetzungen, Mikroverfilmungen und die Einspeicherung und Bearbeitung in elektronischen Systemen.

Die Wiedergabe von Gebrauchsnamen, Handelsnamen, Warenbezeichnungen usw. in diesem Werk berechtigt auch ohne besondere Kennzeichnung nicht zu der Annahme, dass solche Namen im Sinne der Warenzeichen- und Markenschutz-Gesetzgebung als frei zu betrachten wären und daher von jedermann benutzt werden dürften.

Die Informationen in diesem Werk wurden mit Sorgfalt erarbeitet. Dennoch können Fehler nicht vollständig ausgeschlossen werden und die Diplomica Verlag GmbH, die Autoren oder Übersetzer übernehmen keine juristische Verantwortung oder irgendeine Haftung für evtl. verbliebene fehlerhafte Angaben und deren Folgen.

Alle Rechte vorbehalten

© Diplomica Verlag GmbH
Hermannstal 119k, 22119 Hamburg
http://www.diplomica-verlag.de, Hamburg 2013
Printed in Germany

Inhaltsverzeichnis

1 Einleitung 15
1.1 Auseinandersetzung mit den gestiegenen Anforderungen des Wettbewerbs um zukünftige Fach- und Führungskräfte 15
1.2 Zielsetzung und Vorgehensweise 16
1.3 Hinweise zur Themenabgrenzung und zum Sprachgebrauch 17

2 Einordnung des Personalmarketings und der Social Media Communication in die Handlungsfelder des Personalmanagements und in die Unternehmens- und Personalstrategie 18
2.1 Handlungsfelder und Einordnung des Personalmanagements 18
2.2 Personalmarketing & Recruitment 21
    2.2.1 Begriffsbestimmung Personalmarketing & Recruitment 21
    2.2.1.1 Externes Personalmarketing 22
    2.2.1.2 Recruitment 24
    2.2.2 Entstehung & Entwicklung des Personalmarketings 25
    2.2.3 Ausbildungsmarketing 26
    2.2.4 Definition der Zielgruppe 27
2.3 Web 2.0 & Social Media 28
    2.3.1 Die Entwicklung vom World Wide Web zum Web 2.0 28
    2.3.2 Social Media 33
    2.3.3 Social Media – nur ein Hype? 35
2.4 Kommunikationsinstrumente des Web 2.0 und der Social Media Communication 37
    2.4.1 Weblogs 37
    2.4.1.1 Corporate Blogs 38
    2.4.1.2 Microblogs 38
    2.4.2 Online Communities – Soziale Netzwerke 39
    2.4.2.1 Beziehungs-Netzwerke 41
    2.4.2.2 Business-Netzwerke 43
    2.4.3 Podcasts 45
    2.4.3.1 Audio- & Video-Podcasts 45
    2.4.3.2 Video-Plattformen am Beispiel YouTube 46
    2.4.4 Wikis 47
    2.4.5 Arbeitgeberbewertungsportale 48

3 Ist-Aufnahme der Personalmarketing-Strategie im Bereich des Auszubildenden-Recruitings branchenweit und bei der DACHSER GmbH & Co. KG 49
3.1 Branchenübergreifende Trends im Ausbildungsmarkt 49
    3.1.1 Demografischer Wandel 50
    3.1.1.1 Entwicklung der gesamten deutschen Bevölkerung 50
    3.1.1.2 Entwicklung des Ausbildungsmarkts 51
    3.1.2 Generation PISA 53
    3.1.3 Von der Generation X zur Generation Y 55
3.2 Branchenübergreifende Trends im Personalmarketing und Recruitment 58
3.3 Personalmarketing- & Recruitment-Trends in der Logistik 60
3.4 Rahmenbedingungen & aktuelle Situation der DACHSER GmbH & Co. KG .. 64
    3.4.1 Die Personalstrategie der DACHSER GmbH & Co. KG 64
    3.4.2 Trends im Azubi-Recruiting 65
    3.4.3 Aktuelle Maßnahmen des Auszubildenden-Recruitings 66

  3.4.4 Bereits vorhandene Schnittstellen zu Social Media 67
   3.4.4.1 Xing & LinkedIn 67
   3.4.4.2 Kununu 68
   3.4.4.3 Facebook 68

4 **Social Media Communication als Teil der Recruitingstrategie 70**
4.1 **Social Media Communication als Bestandteil der Unternehmensphilosophie 70**
4.2 **Einsatzmöglichkeiten im Auszubildenden-Recruiting 71**
  4.2.1 Corporate Blogs in der Form eines Azubi-Blogs 71
   4.2.1.1 Hoster 72
   4.2.1.2 Stand-alone-Systeme 73
  4.2.2 Facebook 74
   4.2.2.1 Stellenanzeigen 76
   4.2.2.2 Karrierepages 77
  4.2.3 Xing 81
  4.2.4 Podcasts 83
  4.2.5 YouTube 84
  4.2.6 Twitter 86
  4.2.7 Kununu 87
  4.2.8 Recruiting-Wikis 88
4.3 **Kosten des Einsatzes von Social Media Communication im Recruiting 89**
4.4 **Nutzen der Erweiterung des Personalmarketings um den Einsatz von Social Media Communication 91**
  4.4.1 Nutzen für das Unternehmen 91
  4.4.2 Nutzen für den künftigen Bewerber 91
4.5 **Risiken des Einsatzes von Social Media Communication 92**
  4.5.1 Streisand-Effekt 92
  4.5.2 Shitstorm 93
  4.5.3 Negativ-Beispiele zur Fehlervermeidung 94
   4.5.3.1 Amazon 94
   4.5.3.2 Deutsche Bahn 94
   4.5.3.3 Nestlé 95
   4.5.3.4 Henkel 95

5 **Implementierung von Social Media Communication-Tools im Auszubildenden-Recruiting bei der DACHSER GmbH & Co. KG 96**
5.1 **Anforderungen an Social Media Communication im Recruitment 96**
5.2 **Aufbau von Social Media Communication im Recruitment der DACHSER GmbH & Co. KG 97**
  5.2.1 Zielgruppe und Strategie 97
  5.2.2 Social Media Lead und Kanäle 99
  5.2.3 Personalorganisation 100
  5.2.4 Social Media Analyse & Monitoring 101
  5.2.5 Aktionsplan für den Krisenfall 104

6	Zusammenfassung der Ergebnisse und Ausblick	107
6.1	Zusammenfassung	107
6.2	Ausblick	109

Quellenverzeichnis 111

Stichwortverzeichnis 133

Anhang 135

Anlage 1: Klassifizierung der Tools des Web 2.0 136

Anlage 2: Beispiele zu Azubi-Blogs 138

Anlage 3: Twitter-User in Deutschland und im Vergleich zu anderen Nationen ... 140

Anlage 4: Auszüge aus der ARD/ZDF Online-Studie 2011 (I) 142

Anlage 5: Auszüge aus der ARD/ZDF Online-Studie 2011 (II) 143

Anlage 6: Nutzung der Social Media Plattformen (I) 144

Anlage 7: Nutzung der Social Media Plattformen (II) 145

Anlage 8: Vergleich der User von Video-Plattformen in Deutschland 146

Anlage 9: Wikipedia-Statistiken 147

Anlage 10: Datenreport zum Berufsbildungsbericht 2011 149

Anlage 11: Ausbildungshemmnisse 151

Anlage 12: Entwicklung von Corporate Social Media Auftritten in den
Regionen der Erde 152

Anlage 13: Auszüge aus der BVL Arbeitgeberumfrage 2012 155

Anlage 14: Länderübergreifender Vergleich der Gehälter im
Speditionsgewerbe 157

Anlage 15: Social Media Guidelines der DACHSER GmbH & Co. KG 158

Anlage 16: Beispiele zu Karrierepages auf Facebook 159

Anlage 17: Facebook: Ranking der Karrierepages März 2012 (Auszug Top 100) . 168

Anlage 18: Gründe gegen die Nutzung sozialer Medien 169

Anlage 19: Ergebnisse Stiftung Warentest: Test 04/2010 Soziale Netzwerke 170

Anlage 20: Veränderter Xing Auftritt 2006 & 2012 173

Anlage 21: Altersstruktur der User von Facebook und Xing 174

Anlage 22: Corporate YouTube Channel 175

Anlage 23: Beispiele zu Personalmarketing auf Twitter 176

Anlage 24: Twitter Career Channels 1000 Club 180

Anlage 25: Corporate Wikipedia-Seite BP 182

Anlage 26: Anwendungsdauer Social Media Tools 183

Anlage 27: Analyse- und Monitoring-Tools 185

Anlage 28: Facebook-Knigge 188

Anlage 29: 10 Gründe für den Corporate Blog anstelle der Facebook-Seite 190

Anlage 30: Vergleich von Web 2.0 und Social Media 192

Anlage 31: Social Media Spickzettel 194

Abkürzungsverzeichnis

AM	Auszubildendenmarketing
Aufl.	Auflage
Azubi	Auszubildender
B2B	business-to-business
B2C	business-to-consumer
BBC	British Broadcasting Corporation
cm	Zentimeter
DACHSER	DACHSER GmbH & Co. KG
DSL	Digital Subscribe Line
etc.	et cetera
f.	folgende
ff.	fortfolgende
HR	Human Resource
Hrsg.	Herausgeber
ISDN	Integrated Services Digital Network
KKV	Komparativer Konkurrenzvorteil
KMU	Kleine und mittelständische Unternehmen
Mbit/s	Einheit zur Messung der Datenübertragungsgeschwindigkeit [Megabyte pro Sekunde]
Mio.	Millionen
Mrd.	Milliarden

PM	Personalmarketing
S.	Seite
sog.	So genannt
SoMe	Social Media
SoMeCo	Social Media Communication
UGC	User Generated Content
User	Internetnutzer
vgl.	Vergleiche
zw.	Zwischen

Abbildungsverzeichnis

Abbildung 1: Prozesskette Personal, Quelle: Eigene Darstellung (2012) 19
Abbildung 2: Was verstehen Personalverantwortliche unter PM, Quelle: DGFP e.V. (2006), S. 17 22
Abbildung 3: Brainstorming-Karte des Web 2.0, Quelle: O'Reilly, T. (2005) 29
Abbildung 4: Social Media Prisma V 4.0, Quelle: Ethority (2012a) 34
Abbildung 5: Twitter-Logo, Quelle: Twitter (2012) 39
Abbildung 6: Genutzte Soziale Netzwerke, Quelle: BITKOM (2011), S. 8 42
Abbildung 7: Facebook-Logo, Quelle: Facebook (2012) 42
Abbildung 8: Anzahl User Xing und LinkedIn, Quelle: LinkedInsider Deutschland (2012a) 43
Abbildung 9: Xing-Logo, Quelle: Xing (2012a) 44
Abbildung 10: YouTube-Logo, Quelle: YouTube (2012) 46
Abbildung 11: Wikipedia-Logo, Quelle: Wikipedia (2012b) 47
Abbildung 12: kununu-Logo, Quelle: kununu (2012b) 48
Abbildung 13: Leben und Sterben in Deutschland, Quelle: Donaukurier (2011) 50
Abbildung 14: Altersentwicklung in Deutschland, Quelle: Destatis (2011) 51
Abbildung 15: Einsatz von Social Media in Logistik-Unternehmen, Quelle: Simmet (2011), S. 7 63
Abbildung 16: Berufliche wie private Nutzung diverser Social Networks, Quelle: BITKOM (2011), S. 12 75
Abbildung 17: Vergleich der Altersgruppen von Usern bei Xing und Facebook, Quelle: allfacebook.de (2009) 82
Abbildung 18: Karriere-Level der Xing-User, Quelle: Xing (2012b) 82
Abbildung 19: YouTube Auftritt, Quelle: YouTube (2012) 85
Abbildung 20: Shocking-Video als Kritik, Quelle: Greenpeace(2010) 95
Abbildung 21: Das F-A-C-E-Konzept, Quelle: Eigene Darstellung (2012), nach Bernauer, D. et al. (2011), S. 116 98
Abbildung 22: Social Media Messkriterien, Quelle: Holzapfel, F.; Holzapfel, K. (2010), S. 149 103

Tabellenverzeichnis

Tabelle 1: Abgleich Absatz- & Personalmarketing, Quelle: Eigene Darstellung (2012).23
Tabelle 2: Ausgewählte Entwicklungen des PM, Quelle: Fröhlich, W. (2004), S. 17 ff.; sowie Beck, C. (2008), S. 9 26
Tabelle 3: Die wichtigsten Veränderungen von Web 1.0 zu Web 2.0 / Social Media, Quelle: Bernauer, D. et al. (2011), S. 19 32
Tabelle 4: Generationen im Überblick, Quelle: Bernauer, D. et al. (2011), S. 37 55
Tabelle 5: Durchschnittliche Stundensätze, Quelle: DACHSER (2012b) 89
Tabelle 6: Tägliche Nutzungsdauer diverser Social Media Tools, Quelle: Bernauer, D. et al. (2011), S. 118 f.; sowie Ullrich, F. (2012), S. 34 f.; sowie Buschbacher, J. (2012) 90
Tabelle 7: Monatliche Kosten je Social Media Kanal, Quelle: Eigene Darstellung (2012) 90

Anlagenverzeichnis

Anlage 1: Klassifizierung der Tools des Web 2.0 136
Anlage 2: Beispiele zu Azubi-Blogs 138
Anlage 3: Twitter-User in Deutschland und im Vergleich zu anderen Nationen 140
Anlage 4: Auszüge aus der ARD/ZDF Online-Studie 2011 (I) 142
Anlage 5: Auszüge aus der ARD/ZDF Online-Studie 2011 (II) 143
Anlage 6: Nutzung der Social Media Plattformen (I) 144
Anlage 7: Nutzung der Social Media Plattformen (II) 145
Anlage 8: Vergleich der User von Video-Plattformen in Deutschland 146
Anlage 9: Wikipedia-Statistiken 147
Anlage 10: Datenreport zum Berufsbildungsbericht 2011 149
Anlage 11: Ausbildungshemmnisse 151
Anlage 12: Entwicklung von Corporate Social Media Auftritten in den Regionen der Erde 152
Anlage 13: Auszüge aus der BVL Arbeitgeberumfrage 2012 155
Anlage 14: Länderübergreifender Vergleich der Gehälter im Speditionsgewerbe 157
Anlage 15: Social Media Guidelines der DACHSER GmbH & Co. KG 158
Anlage 16: Beispiele zu Karrierepages auf Facebook 159
Anlage 17: Facebook: Ranking der Karrierepages März 2012 (Auszug Top 100) 168
Anlage 18: Gründe gegen die Nutzung sozialer Medien 169
Anlage 19: Ergebnisse Stiftung Warentest: Test 04/2010 Soziale Netzwerke 170
Anlage 20: Veränderter Xing Auftritt 2006 & 2012 173
Anlage 21: Altersstruktur der User von Facebook und Xing 174
Anlage 22: Corporate YouTube Channel 175
Anlage 23: Beispiele zu Personalmarketing auf Twitter 176
Anlage 24: Twitter Career Channels 1000 Club 180
Anlage 25: Corporate Wikipedia-Seite BP 182
Anlage 26: Anwendungsdauer Social Media Tools 183
Anlage 27: Analyse- und Monitoring-Tools 185
Anlage 28: Facebook-Knigge 188
Anlage 29: 10 Gründe für den Corporate Blog anstelle der Facebook-Seite 190
Anlage 30: Vergleich von Web 2.0 und Social Media 192
Anlage 31: Social Media Spickzettel 194

1 Einleitung

*„Kommunikation ist die Antwort
auf Komplexität" (Markus Müller)*

1.1 Auseinandersetzung mit den gestiegenen Anforderungen des Wettbewerbs um zukünftige Fach- und Führungskräfte

Um heute und in Zukunft im internationalen Wettbewerb der Logistik konkurrenzfähig zu bleiben, sind eine ständige Verbesserung der Qualität und die Steigerung der Produktivität von höchster Bedeutung.

Mit zunehmender Ausschöpfung der Automatisierungs- und Rationalisierungsmöglichkeiten erscheint die Bedeutung des Menschen in einem neuen Licht, denn seine Arbeit ist eine der wichtigsten Ressourcen der Unternehmung. Sie ist kostbar, weil das Wissen und das Können der Beschäftigten den entscheidenden Wettbewerbsvorteil des Unternehmens auf dem Weltmarkt darstellen.[1]

Mit diesem Wandel verändert sich auch die Betrachtung der Personalwirtschaft. Modernes Personalmanagement sieht den Arbeitsplatz nicht länger als reinen Produktionsfaktor, sondern als ein Produkt, das beworben und an bestehende und zukünftige Mitarbeiter verkauft werden muss. Besonders der sehr volatile Absolventenmarkt muss jedes Jahr zielgruppenspezifisch und zeitgemäß erobert werden.[2]

Zur Gewährleistung eines effektiven Arbeitgebermarketings ist der Einsatz von Social Media Communication (im Folgenden: SoMeCo) ein entscheidender Faktor. Die DACHSER GmbH & Co. KG (im Folgenden: DACHSER) erhofft sich durch SoMeCo einen Zugang zur Zielgruppe der Schulabgänger. So soll diesen ein Angebot zur direkten und authentischen Begegnung auf Augenhöhe unterbreitet und es soll eine nachhaltige emotionale Bindung mit den zukünftigen Auszubildenden (im Folgenden: Azubi) geschaffen werden.

---

[1] Vgl. Gutman, J.; Hüsgen, J. (2005), S. 3
[2] Vgl. Fink, S.; Kederer, J. (2008), S. 194

1.2 Zielsetzung und Vorgehensweise

Das Web 2.0 und die SoMeCo haben in vielen Unternehmen bereits Einzug gehalten. Jedoch ist deren Nutzung meist exklusiv den Bereichen Marketing sowie Public Relations vorbehalten. Das Ihnen vorliegende Buch soll diese Lücke aufgreifen und die Einsatzmöglichkeiten sowie Risiken des Einsatzes von SoMeCo im Personalmarketing erläutern.

Ziel der vorliegenden Studie ist es, einen Implementierungsplan für SoMeCo im Auszubildendenmarketing (im Folgenden: AM) der DACHSER zu entwickeln. Dazu ist in einem ersten Schritt ein Kanal der SoMeCo auszuwählen, der die Kriterien von zielgruppengenauer Reichweite, Glaubwürdigkeit und Wirtschaftlichkeit bestmöglich erfüllt.

Zur Erreichung dieses Ziels verfährt dieses Fachbuch wie folgt: In Kapitel zwei werden die konzeptionellen Grundlagen des Personalmarketing (im Folgenden: PM) sowie dessen Einordnung ins Personalmanagement behandelt. Anhand bestehender Definitionen des Begriffs PM wird dessen Entwicklung sowie Bandbreite dargestellt. Die Prinzipien des Web 2.0 bilden die Grundlage der Definition der Social Media (im Folgenden: SoMe), welche weiter durch die verschiedenen Formen der Kommunikationsinstrumente charakterisiert werden.

Kapitel drei gibt einen Überblick über die aktuellen Trends im Ausbildungsmarkt, der sich maßgeblich auf Grund des demografischen Wandels und des Generationenwechsels hin zu den Millenials verändert. Aufbauend auf dieser Darstellung des Ausbildungsmarktes werden Vorgehensweisen der Human-Resource-Verantwortlichen betrachtet und ein Abgleich des Gesamtausbildungsmarktes mit dem der Logistikbranche gezogen.

Weiter werden in Kapitel vier und fünf verschiedene SoMeCo-Tools auf ihre Einsatzmöglichkeit im PM untersucht und deren Integration in der Recruiting-Strategie sowie die Umsetzung der Implementierung im AM der DACHSER wird betrachtet.

Als letztes Kapitel wird eine kurze Zusammenfassung des Themas die Ergebnisse der Studie noch einmal darlegen. Zukünftige Entwicklungen und Möglichkeiten werden in einem Ausblick festgehalten.

1.3 Hinweise zur Themenabgrenzung und zum Sprachgebrauch

Die diversen Definitionen des Begriffs des PMs in der Literatur ermöglichen es, diesen sehr eng oder aber weit auszulegen. Hierbei liegt der maßgebliche Unterschied darin, ob ausschließlich der externe oder auch der interne Arbeitsmarkt als Gegenstand des PMs betrachtet wird.

Aufgrund des limitierten Umfangs dieser Untersuchung findet hier exklusiv der externe Arbeitsmarkt der Schulabgänger Beachtung. Hierzu werden die Begriffe AM und Recruiting synonym verwendet.

Da das Ausbildungsmarketing fast ausschließlich auf die Zielgruppe der Schulabgänger abzielt, wird auf eine Betrachtung des Hochschulmarketings verzichtet.

Zur besseren Lesbarkeit wurde in dieser Arbeit von einer geschlechterspezifischen Schreibweise abgesehen. Die maskuline Sprachform der benutzten Begriffe bitte ich wertneutral und die weibliche Form immer als mit eingeschlossen zu verstehen.

Die Bezeichnungen Web oder Netz sind identisch mit der des Internets.

2 Einordnung des Personalmarketings und der Social Media Communication in die Handlungsfelder des Personalmanagements und in die Unternehmens- und Personalstrategie

2.1 Handlungsfelder und Einordnung des Personalmanagements

Eine der zentralen Aufgaben, die der Unternehmensführung obliegen, besteht in der Bestimmung der grundsätzlichen Richtung der langfristigen Unternehmensentwicklung. Die dazu ausgearbeiteten Strategien können jedoch nur wirksam werden, wenn sie operativ umgesetzt werden. Nicht nur die Strategie, sondern auch die ausführenden Mitarbeiter, entscheiden den Erfolg oder Misserfolg eines Unternehmens.

Nicht grundlos werden diese Mitarbeiter schon heute meist als „Human Resources"(im Folgenden: HR) bezeichnet, um hiermit ihre Bedeutung als strategische Ressource herauszustellen.[3] Als HR rücken sie verstärkt in den Fokus der Unternehmensleitung und werden dort im Rahmen des Personalmanagements organisiert und geführt.[4]

---

[3] Vgl. Dillerup, R.; Stoi, R. (2008), S. 539; sowie Martin, J. (2010), S. 140
[4] Vgl. Scholz, C. (2011), S. 6 ff.; sowie Holtbrügge, D. (2007), S. 1 ff.

Das Personalmanagement als solches ist originär ausschließlich bei Personaldienstleistungsunternehmen, wie zum Beispiel bei Zeitarbeitsfirmen oder Personalagenturen, eine direkte Wertschöpfungsaktivität. In anderen Unternehmen ist das PM ein die Wertschöpfung unterstützender Prozess. Es ist möglich, das Personalmanagement jeder Unternehmung als interne Prozesskette darzustellen und in primäre und unterstützende Aktivitäten zu gliedern.[5]

Abbildung 1: Prozesskette Personal, Quelle: Eigene Darstellung (2012)

Aus der in Abbildung 1 dargestellten Prozesslogik, ergeben sich acht Handlungsfelder, nach welchen in den zentralen Standardwerken der Personalwirtschaft[6] das Personalmanagement gegliedert wird.

Aufgabenfelder des Personalmanagements:[7]

- Personalbedarfsbestimmung:
  Ermittlung des Soll-Personalbedarfs anhand von Qualifikation, Zeitraum und Tätigkeit.

- Personalmarketing:
  Informations- und Kommunikationsfunktion, mit der das Unternehmen Bewerber über die Personalsuche informiert.

- Personalbeschaffung / Recruitment:
  Deckung eines quantitativen sowie qualitativen Personalbedarfs.

- Personalentwicklung:
  Individuelle Entwicklung der Mitarbeiter durch Aus-, Fort- und Weiterbildung.

---

[5] Vgl. Eisele, D.; Doyé, T. (2010), S. 21
[6] Vgl. Scholz, C. (2000); Drumm, H.J. (2005); Holtbrügge, D. (2007)
[7] Vgl. Scholz, C. (2000), S. 83 ff.; sowie Holtbrügge, D. (2007), S. 54 ff.; sowie Porter; Bingham; Simmons (2007), S. 121 f.

- Personaleinsatzplanung:
  Sicherung eines eignungs- und anforderungsgerechten Einsatzes des Personals.

- Personalbeurteilung:
  Erfassung der Leistung und des Verhaltens der Mitarbeiter zur leistungsgerechten Entlohnung sowie zur gezielten Förderung.

- Personalführung:
  Konkretisierung des Verhältnisses zwischen Mitarbeitern und den Personalverantwortlichen.

- Personalfreisetzung:
  Die Beendigung des bestehenden Arbeitsverhältnisses.

Diese acht Handlungsfelder werden durch die beiden unterstützenden Funktionen komplementiert:[8]

- Personalcontrolling:
  Informationsversorgung als auch Koordination des Personalmanagements.

- Personalverwaltung:
  Durchführung der administrativen Aufgaben des Personalmanagements.

Die umfassende Kenntnis aller Inhalte der einzelnen Managementfelder ist die zentrale Voraussetzung zur erfolgreichen Ausführung des Personalmanagements.[9]

---

[8] Vgl. Dillerup, R.; Stoi, R. (2008), S. 540; sowie Eisele, D.; Doyé, T. (2010), S. 21
[9] Vgl. Scholz C. (2011), S. 38; sowie Dessler, G. (2010), S. 184

2.2 Personalmarketing & Recruitment

2.2.1 Begriffsbestimmung Personalmarketing & Recruitment

Im Allgemeinen resultiert das Konzept des PMs aus einer Wandlung im Menschenbild und einer generellen Verschiebung auf Teilen des Arbeitsmarkts, auf denen sich der klassische Verkäufer- (bzw. Arbeitgeber-) zu einem Käufer- bzw. Arbeitnehmermarkt verändert hat.[10]

So ist es für die Bildung von Beschäftigungsverhältnissen nicht länger ausreichend, dass Unternehmen geeignete Bewerber auswählen, sondern zunehmend gibt es selbstbewusste Bewerber, die sich individuell für Unternehmen entscheiden. Für das PM wird es künftig eine große Herausforderung, Bestandsmitarbeiter und ausgeschiedene Mitarbeiter nachhaltig von den Qualitäten des Arbeitgebers zu überzeugen.[11]

Seit der Mitte des letzten Jahrhunderts setzen sich Wissenschaftler in verschiedener Art und Weise mit dem Begriff des PM auseinander, die Auffassung des PM variiert jedoch von Autor zu Autor stark (vergleiche hierzu Kap. 2.2.2.).[12]

Das äußerste Extrem ist sicherlich die gänzliche Ablehnung des Begriffs *Marketing* im Personalwesen durch Werner Ende.[13] Darüber hinaus hat sich die Bezeichnung PM in der Wissenschaft weitgehend gefestigt, wobei der Begriff hinsichtlich seiner Breite variiert. Im engsten Sinne, welche eher der Personalpraxis entnommen wurde, ist PM ein Instrument der Operative zur Gewinnung von Arbeitskräften am externen Arbeitsmarkt;[14] mit dieser engen Definition setzt sich Hans Jürgen Drumm von den gängigen Ansätzen der wissenschaftlichen Literatur ab, die den Begriff weiter fasst. Die wohl umfassendste Definition des PM betrachtet dieses als einen ganzheitlichen Managementansatz, der über ein eigenes Denk- und Handlungskonzept verfügt und die konsequente Marktfokussierung aller Teile des Personalwesens betreibt. Dies richtet sich sowohl an aktuelle wie auch an zukünftige Mitarbeiter.[15] Die nachfolgende Abbildung 2 gibt einen Überblick darüber, was Personalverantwortliche branchenweit unter dem Begriff des PM verstehen.

---

[10] Vgl. Von Eckardstein, D; Schnellinger, F. (1975), S. 1592 ff.; sowie Ende, W. (1982), S. 65
[11] Vgl. Beck, C. (2008), S. 5 f.; sowie Schmidtke, C. (2002), S. 62 ff.
[12] Vgl. Beck, C. (2008), S. 10
[13] Vgl. Ende, W. (1982), S. 62 ff.
[14] Vgl. Drumm, H.J. (2005), S. 462
[15] Vgl. Scholz, C. (2000), S. 419; sowie Porter; Bingham; Simmons (2007), S. 135

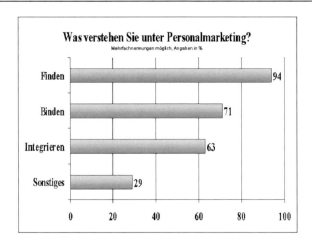

Abbildung 2: Was verstehen Personalverantwortliche unter PM, Quelle: DGFP e.V. (2006), S. 17

Die weit gefasste Definition des PM, wie sie von Scholz vorgenommen wurde, beinhaltet die Problematik, dass sie hierdurch nahezu jegliche Aktivitäten des Personalwesens mit einschließt. Dies sowie die Schwerpunktsetzung der vorliegenden Arbeit führen zu der Übernahme der engen Definition des PM nach Drumm für die weitere Argumentation. Die Wahl der Definition nach Drumm bietet den Vorteil der höheren begrifflichen Präzision und Überschneidungsfreiheit. Dies dient einer klaren und strukturierteren Analyse Arbeitsthemas, welches sich schon auf Grund der Zielgruppe auf externe Marktbearbeitung konzentriert.

2.2.1.1 Externes Personalmarketing

Das externe PM, welches im Rahmen dieser Studie ausschließlich Beachtung findet, richtet sich an potentielle Mitarbeiter, deren Interesse am Unternehmen als attraktiver Arbeitgeber geweckt und aufrecht erhalten werden soll. Das PM übernimmt die Instrumente und Ziele des Absatzmarketings konsequent für das Personalwesen: Der Arbeitsplatz des Unternehmens soll an potentielle Mitarbeiter *verkauft* werden.[16] Die nachfolgende Tabelle verdeutlicht die Parallelität zwischen Absatz- und Personalmarketing:

---

[16] Vgl. Becker, M. (2010), S. 89 ff.; sowie Schmidtke, C. (2002), S. 67 f.

Das PM zielt nicht auf die unmittelbare Personalbeschaffung, also das Recruitment ab, sondern auf die Erschließung des externen Arbeitsmarktes.[17]

	Absatzmarketing	Personalmarketing
Gegenstand	Produkt	Arbeitsplatz
Adressat	Neukunden	Bewerber
KKV	Produkteigenschaft	Unternehmenskultur

Tabelle 1: Abgleich Absatz- & Personalmarketing, Quelle: Eigene Darstellung (2012)

Diese Parallelität zwischen Absatz- und Personalmarketing lässt sich nicht uneingeschränkt fortführen. Die größte Differenz ist der Adressat, denn während im Absatzmarketing die Eigenschaften des Käufers nicht von Belang sind, ist im PM die Qualifikation der Bewerber der ausschlaggebende Faktor.

Es ist wichtig, besonders bei interessanten Kandidaten den Wunsch zu wecken, in dem Unternehmen Beschäftigung zu finden. So wird sichergestellt, dass jederzeit, d.h. möglichst unabhängig von den Schwankungen des Arbeitsmarkts, geeignete Mitarbeiter in ausreichender Anzahl gefunden werden können. Dies gelingt nur über die Schaffung eines positiven Arbeitgeber-Images, der sog. Employer Brand.[18] Die Employer Brand hilft dem Unternehmen bei der Profilierung und positiven Positionierung. Potentiellen Bewerbern bleibt das Unternehmen somit besser und länger im Gedächtnis, denn die Marke stellt nicht nur eine Orientierungshilfe dar, sondern sie schafft vor allem Vertrauen in einen Arbeitgeber.[19]

---

[17] Vgl. Wöhe, G. (2008), S. 140 f.; sowie Dessler, G. (2010), S. 183
[18] Vgl. Bruckner, C (2007), S. 9; sowie Andratschke; Regier; Huber (2009), S. 10 ff.
[19] Vgl. Brickwedde, W. (2007), S. 215 ff.

Die Definition des externen PMs erlaubt es, konkrete Ziele abzuleiten. Die nachfolgenden vier Ziele sollen das beispielhaft verdeutlichen:[20]

- Steigerung des Arbeitgeber-Images in ausgewählten Rankings
- Verkürzung der Vakanz von Stellenausschreibungen
- Steigerung der Quantität der Bewerbungen
- Steigerung der Qualität der Bewerbungen

Das PM gewinnt seinen strategischen Charakter aus der Fokussierung auf den Arbeitsmarkt, denn ein entsprechendes Image als Arbeitgeber lässt sich bei der gewünschten Zielgruppe kaum kurzfristig formen. Es bedarf eines strategischen und langfristigen Konzepts sowie des Einsatzes von PM-Tools.

Darüber hinaus hat das PM auch auf bereits beschäftigte Mitarbeiter eine positive Wirkung hinsichtlich der Einstellung sowie der Motivation, da sie als Kunden betrachtet und auch entsprechend behandelt werden.[21]

2.2.1.2 Recruitment

Die Personalbeschaffung oder auch das Recruitment ist, in der Logik der Prozesskette des Personalmanagements, der nachfolgende Schritt des PM. Das Recruitment ist die bedarfsgerechte Deckung des quantitativen sowie qualitativen Personalbedarfs.[22]

Das Ziel, welches dem Recruitment zu Grunde liegt, ist die rechtzeitige Bereitstellung von benötigten Personalressourcen für die Erfüllung geplanter Aufgaben.[23]

Das Recruitment ist in vielen Bereichen eng mit dem PM verzahnt; besonders deutlich wird dies im Bereich des Employer Brandings, also der Schaffung einer positiven Arbeitgeber-Marke. Diese dient nicht nur unmittelbar der positiven Außendarstellung gegenüber zukünftigen Mitarbeitern, sondern soll eine positive Außendarstellung dadurch ermöglichen, dass ein einheitlicher Auftritt im Kontakt mit den Bewerbern geschaffen wird. So prägt ein Unternehmen mit der Art und Weise der Interaktion und der Ansprache der potentiellen Mitarbeiter ein Image, das nach-

---

[20] Vgl. Scholz, C. (2011), S. 180 ff.
[21] Vgl. Scholz, C. (2000), S. 420 f.
[22] Vgl. Eisele, D.; Doyé, T. (2010), S. 114 f.; sowie Dessler, G. (2010), S. 184
[23] Vgl. Drumm, H.J. (2005), S. 327

haltig in Erinnerung bleibt. Dieses Image entscheidet über den weiteren Verlauf der Bewerbung und über einen möglichen Eintritt in das Unternehmen.[24]

Ebenso wie das PM lässt sich auch die Personalbeschaffung in interne und externe Beschaffung untergliedern. Während die externe Beschaffung sich vollständig aus dem externen Arbeitsmarkt speist, nutzt die interne Personalbeschaffung unternehmensinterne Human Re-Resources. Die Bedarfsdeckung durch diese unternehmensinternen Human Resources erfolgt mit „Personalbewegung" oder „ohne Personalbewegung" und führt so zu einer weiteren Unterteilung der internen Personalbeschaffung.

Beschaffungen frei jeglicher Personalbewegungen sind klassische Mehrarbeit durch Überstunden oder längere Arbeitszeiten sowie das Verschieben eines geplanten Urlaubs. Personalbewegung vollzieht sich hauptsächlich durch interne Job-Wechsel und Aufstiegsweiterbildungen.[25]

Dieser Artikel dient lediglich der Vollständigkeit der Arbeit. Im weiteren Verlauf der wissenschaftlichen Ausarbeitung wird der Begriff des Recruitments, in Übereinstimmung mit der Auffassung Drumms und Wöhes[26], synonym zum Begriff des externen PMs verwendet.

Somit liegt der Fokus der Betrachtung auf dem Teilprozess beginnend mit der Aktivierung des Interesses zukünftiger Azubis bis hin zum Eingang ihrer Bewerbung.

2.2.2 Entstehung & Entwicklung des Personalmarketings

Das PM-Konzept entwickelte sich in den frühen 60-er Jahren aus den Leitideen des klassischen Absatzmarketings als Folge des quantitativen Arbeitskräftemangels. Wie bereits in Kap. 2.2.1. erwähnt, durchlief das PM seit seiner Prägung durch Schubart zu Beginn der zweiten Hälfte des 20. Jahrhunderts eine Vielzahl an Veränderungen und eine konstante Entwicklung, bis hin zum ganzheitlichen Ansatz durch DGFP e.V. zu Beginn des neuen Jahrtausends. Die nachfolgende Tabelle gibt einen Überblick zu den bedeutendsten Meilensteinen der Entwicklung des PM.

---

[24] Vgl. Fink, S.; Kederer, J. (2008), S. 193 ff.; sowie Andratschke; Regier; Huber (2009), S. 10
[25] Vgl. Becker, M. (2010), S, 92 ff.
[26] Vgl. Drumm, H.J. (2005), S. 340 f.; sowie Wöhe, G. (2008), S. 141

Jahr	Entwicklung	Autor
1962	Übertragung von Marketingkonzepten auf die Personalwirtschaftslehre	Schubart
1968	Substitution des Begriffs „Personalbild" durch „Arbeitgeberimage"	Berger/ Geißler
1972	Kreatives PM nach Marktforschung	Büchner
1973	PM als unternehmensübergreifendes Management-Tool	Rippel
1973	PM als Tool der Unternehmenskommunikation mit Schwerpunkt Personalbeschaffung durch Personalwerbung	Hunziker
1975	PM als unternehmensinternes Tool mit hoher Mitarbeiterorientierung	Von Eckardstein/ Schnellinger
1985	PM als rein operatives Tool	Seiwert
1987	Mitarbeiterpflege sowie Imageprofilierung wird dem PM neben externem Personalgewinn als Hauptfunktion hinzugefügt	Fröhlich
1988	Integration der Unternehmenskultur in die PM-Konzepte	Meyer
1992 – 2000	Fokussierung auf alle Teilaspekte des Personalmanagements	Moll / Plogmann Groß-Heitfelf
2006	Ganzheitliche, sozialwissenschaftliche Orientierung und Ökonomisierung	DGFP e.V.

Tabelle 2: Ausgewählte Entwicklungen des PM, Quelle: Fröhlich, W. (2004), S. 17 ff.; sowie Beck, C. (2008), S. 9

2.2.3 Ausbildungsmarketing

Das Ausbildungsmarketing stellt einen Unterbegriff des PM dar und ist folglich die konsequente Umsetzung des binnenorientierten Personalwesens im Bereich der betrieblichen Ausbildung.[27] Folgt man dem Konzept der Nutzerorientierung, dann bilden in diesem Teilbereich des PM die Bedürfnisse, Erwartungen und Probleme der Schüler und Azubis die Grundlage.

Zum einen zielt das Ausbildungsmarketing auf die langfristige Bindung der aktuellen Azubis an das Ausbildungsunternehmen ab (internes Ausbildungsmarketing). Zum anderen zielt es auf das Interesse der zukünftigen Azubis ab (externes Ausbildungsmarketing).[28] Hierbei richtet sich

---

[27] Vgl. Sauder, G. (1992), S. 160 f.
[28] Vgl. Scholz, C. (2011), S. 174 ff.

das Hauptaugenmerk auf das Interesse an den Produkten und Dienstleistungen eines Unternehmens sowie der Präsentation des Ausbildungsberufs auf dem Bewerbermarkt.

2.2.4 Definition der Zielgruppe

Für den Erfolg des PM sind die Definition der Zielgruppe und die Fokussierung darauf entscheidend. Nur so können die Marketing-Tools optimal ausgewählt und abgestimmt werden. Im PM-Teilbereich des Ausbildungsmarketings liegt die Zielgruppe in den aktuellen wie zukünftigen Azubis. Da sich dieses Buch ausschließlich auf das externe PM konzentriert, bilden potentielle Azubis die Hauptzielgruppe.

Unterteilen lässt sich diese Zielgruppe in Schüler unterschiedlicher Bildungsgänge und deren Meinungsbildner, wie Eltern, Lehrer und nicht zuletzt deren Peergroup, bestehend aus anderen Azubis, Freunden und Klassenkameraden. Vor allem die beiden letztgenannten Gruppen üben oft starken Einfluss auf die Wahl des potentiellen Ausbildungsplatzes aus.[29]

Ohne genauere Betrachtung der Sonderformen einiger Schulen sowie spezieller Abschlüsse und Weiterbildungen lassen sich die Schulabgänger gemäß dem deutschen Schulsystem wie folgt klassifizieren:

- Ohne Schulabschluss (Hauptschüler ohne Abschluss)

- Hauptschulabschluss (Hauptschüler)

- Mittlere Reife (Realschüler)

- Allgemeine Hochschulreife (Abiturienten)

Wer die Zielgruppe überzeugen möchte, sollte möglichst viel über diese in Erfahrung bringen, nicht nur, wo sie am ehesten anzutreffen ist, sondern auch wie und mit welchen Informationen sie am besten angesprochen werden kann.[30]

---

[29] Vgl. Sauder, G. (1992), S. 159 ff.
[30] Vgl. Beck, C. (2008), S. 6 f.

2.3 Web 2.0 & Social Media

2.3.1 Die Entwicklung vom World Wide Web zum Web 2.0

Das World Wide Web ist eine der bedeutendsten technologischen Entwicklungen der Moderne. Es ist nicht nur das schnellste Informationsmedium, das zur Verfügung steht, sondern vielmehr auch ein Meeting Point, in dem alle Internetnutzer (im Folgenden: User) miteinander in Echtzeit, aber auch zeitlich versetzt und über räumliche Grenzen hinweg kommunizieren können.[31]

Seit den frühen 90er Jahren hat das Internet einen stetigen Wandel vom Web 1.0, das sich durch statische Websites und eine reine Einwegkommunikation charakterisierte, zu einem interaktiven Web, dem Web 2.0, durchlaufen. Diese rasante Weiterentwicklung wurde durch einen kontinuierlichen technologischen Fortschritt begleitet: vom Modem über erste ISDN-Anschlüsse bis hin zum heutigen Standard von 6-Mbit/s-DSL-Leitungen, welcher einen problemlosen und schnellen Austausch von Bild- und Videodateien ermöglicht. Das zeitgleiche Aufkommen der Internet-Flatrates ermöglichte dem User eine dauerhafte und zugleich bezahlbare Verbindung ins Internet; dies war die Grundlage des Erfolgs aufkommender multimedialer Dienste wie Facebook, YouTube und Flickr.[32]

Eine Definition von *Web 2.0* ist jedoch nicht unproblematisch. Die Google-Suche[33] ergibt in weniger als einer halben Sekunde 2.910.000.000 Treffer. Der dadurch offensichtlichen weiten Verbreitung des Begriffs steht allerdings ein Mangel an einer einheitlichen Definition in der wissenschaftlichen Literatur gegenüber, die für die vorliegende Studie herangezogen werden könnte.

---

[31] Vgl. Huber, M. (2010), S. 14
[32] Vgl. Bernauer, D. et al. (2011), S. 13 ff.
[33] Vgl. Google (2012)

Der Begriff des Web 2.0 wurde vom Verleger Tim O'Reilly während einer Besprechung anhand der folgenden Mindmap (Abbildung 3) formuliert und später populär gemacht.

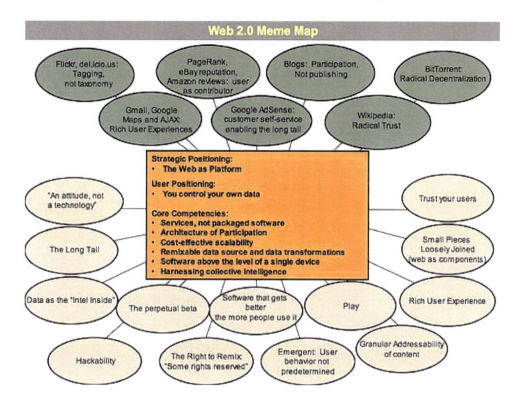

Abbildung 3: Brainstorming-Karte des Web 2.0, Quelle: O'Reilly, T. (2005)

Aufgrund des Fehlens einer anerkannten Definition, auf welche zurückgegriffen werden kann, erscheint es zweckmäßig, die von O'Reilly geprägten Web 2.0-Prinzipien zur Begriffsbestimmung zu verwenden. Seine Prinzipien werden bis heute als die wesentlichen Charakteristika des Web 2.0 verstanden.[34] Diese sind:

Web als Plattform:[35]

Die Idee, das Web als Plattform zu verwenden, ist keine Neuerung des Web 2.0, aber erst jetzt wurde diese Idee auch umgesetzt. Dahinter steht der Grundgedanke, dass Web-Anwendungen im Internet als Dienstleistungen zur Verfügung stehen und nicht länger auf dem eigenen Computer installiert werden müssen.

---

[34] Vgl. Alby, T. (2008), S. 15
[35] Vgl. O'Reilly, T. (2005); sowie Alby, T. (2008), S. 129 f.

Selbstprogrammierbare Web Services:[36]

Software wird nicht länger als eng geschnürtes Paket, dessen Nutzung durch Lizenzen streng limitiert ist, vertrieben, sondern im Internet als Dienstleistung angeboten, die käuflich erworben oder gratis heruntergeladen werden kann. Ausschlaggebende Eigenschaft dieser Programme ist, dass ihre Unveränderlichkeit komplett entfällt.

In Anlehnung an die Open-Source-Bewegung können diese sog. Lightweight Programming Models vielfach Verwendung finden, da sie stetig verändert und damit an gegebene Situationen angepasst werden können. Neben ihrer Wandlungsfähigkeit besteht ihr Vorteil in der Verknüpfungsmöglichkeit. So entstehen aus bestehenden Programmen vollkommen neue Anwendungsmöglichkeiten.

Nutzung der kollektiven Intelligenz:[37]

Richtungsweisend für die kollektive Intelligenz des Internets ist der User Generated Content (im Folgenden: UGC); hierunter werden Inhalte verstanden, welche durch den User generiert wurden und das Internet mitgestalten. Entscheidend ist, dass UGC durch Verlinkungs-Tools eine schlagartige Verbreitung erfahren. Wurden die Inhalte im Web 1.0 noch weitestgehend durch Hypertextverlinkungen verbreitet, bestehen heute weit fortschrittlichere Verlinkungsmöglichkeiten wie Kommentieren, RSS-Feeds und sog. Tags. Das Ergebnis ist, dass der Wert eines Dienstes sich durch die Anzahl der aktiven Nutzer bestimmen lässt. Dieser Wandel von ein paar wenigen Informationsproduzenten hin zu vielen Produzenten stellt einen der wesentlichen Wesenszüge des Web 2.0 dar.

Datenbankmanagement:[38]

Die Partizipation am Web 2.0 erfordert ein an das Internet gekoppeltes Datenbankmanagement. Dabei ist gleichgültig, ob es sich um Wikis, Blogs oder sonstige Tools handelt, denn die Gemeinsamkeit dieser Tools liegt in der Sammlung und Distribution von Daten. Somit verkörpert das Datenbankmanagement nicht nur eine Kernkompetenz des Web 2.0, sondern bildet auch eine Schnittstelle zwischen UGC und Internet.

---

[36] Vgl. O'Reilly, T. (2005); sowie Hettler, U. (2010), S. 8
[37] Vgl. O'Reilly, T. (2005)
[38] Vgl. O'Reilly, T. (2005); sowie Hettler, U. (2010), S. 6 f.

Ende der Softwarelebenszyklen:[39]

Im Web 2.0 verschwindet das Haltbarkeitsdatum von Software. Web-Applikationen treten an die Stelle von Softwareprodukten und verdrängen diese. Diese neuen Dienste werden schon in der frühen Entstehungsphase als Beta-Version veröffentlicht und durch die Nutzung der kollektiven Intelligenz weiterentwickelt. Die User entscheiden schon früh, welche Web-Dienste sie ablehnen oder annehmen und durch kontinuierliche Verbesserungsvorschläge und Problemberichte optimieren. Der stetige Entwicklungsprozess der Anwendungen ist einer der zentralen Ideen des Web 2.0.

Grenzenlose Anwendungen:[40]

Das Internet ist nicht länger auf stationäre Computer begrenzt. Das Aufkommen mobiler Endgeräte wie iPads, Smartphones und iPods machen die Applikationen des Web 2.0 auf andere Plattformen übertragbar. Der Zugang zum Internet ist somit allgegenwärtig und greift dementsprechend auf immer weitere Bereiche der Unternehmen und des täglichen Lebens über.

Benutzerführung:[41]

Komplexe Programmiersprachen und Software-Programme erfuhren eine grundlegende Optimierung, zusätzlich wurden in breiten Bereichen des Internets gemeinsame Standards gesetzt, wodurch die Kompatibilität erhöht wurde. Das Ergebnis war eine userfreundlichere Benutzerführung, welche es ermöglicht, auch ohne spezielles Know-how Anwendungen und Programme zu nutzen. Dies macht das Arbeiten deutlich komfortabler und somit das Web 2.0 für jeden nutzbar.

---

[39] Vgl. O'Reilly, T. (2005); sowie Hettler, U. (2010), S. 8
[40] Vgl. O'Reilly, T. (2005)
[41] Vgl. O'Reilly, T. (2005); sowie Alby, T. (2008), S. 10

Wesentliche Änderungen im Wandel des Web 1.0 hin zum Web 2.0:

Web 1.0	Web 2.0
Unternehmen	Menschen
Ort	Gemeinschaft
Klar und übersichtlich	Offen
Oberflächlich	Tief
Inhalt	Ausdruck
Monologisch	Dialogisch
In Geschäftszeit	In Echtzeit
Geschlossen	Partizipativ
Anonym	Persönlich
Unpersönlich	Menschlich
Breit	Nische

Tabelle 3: Die wichtigsten Veränderungen von Web 1.0 zu Web 2.0 / Social Media, Quelle: Bernauer, D. et al. (2011), S. 19

Bei genauerer Betrachtung der Merkmale des Web 2.0 lässt sich erkennen, dass diese nicht neu sind.[42] Vor allem der Gedanke, das Internet als Plattform zu nutzen, in welche jeder Mensch Informationen laden kann, war schon einer der Grundideen Berners-Lees[43] bei der Entwicklung des Internets. Aber erst mit der Entwicklung des technologischen Umfelds wurde aus dem Internet ein unter anderem von Usern erzeugtes Angebot mit Partizipationsmöglichkeiten für alle.[44]

Die Einordnung, ob ein Tool spezifisch zum Web 2.0 gehört, gestaltet sich schwierig, da nicht alle der oben aufgeführten Prinzipien zutreffend sein müssen, um es als Web 2.0-Tool zu klassifizieren. Jedoch ist es für ein Tool des Web 2.0 erforderlich, dass mehr als eines der Prinzipien auf es zutrifft.[45]

---

[42] Vgl. Alby, T. (2008), S. 1
[43] Vgl. Berners-Lee / Hendler/Lassila (2001)
[44] Vgl. Alby, T. (2008), S. 3 ff.
[45] Vgl. Anlage 1: Klassifizierung der Tools des Web 2.0

2.3.2 Social Media

Waren O'Reillys Prinzipien noch eine Beschreibung des rein technologischen Wandels vom Web 1.0 hin zum Web 2.0, so ist die Entwicklung zu SoMe eher ein kultureller Wandel, aufbauend auf den neuen Möglichkeiten, deren Grundlage das Web 2.0 bildet.[46] Diese auch Social Web genannte Fortentwicklung stellt vor allem das soziale Beziehungsgeflecht der User untereinander, samt allen sozialen Interaktionen, in den Fokus.[47]

SoMe bietet hierbei eine gemeinsame Begegnungsplattform für User, auf der sich der Wandel des Informationskonsumenten hin zum Informationsproduzenten vollzieht. Charakteristisch ist hierfür der öffentliche Austausch des UGC. Blog-Einträge werden nicht länger ausschließlich kommentiert, wie es am Anfang des Webs 2.0 der Fall war, sondern werden direkt über Facebook und Twitter weitergeleitet.[48] Das Besondere ist, dass die User untereinander in irgendeiner Art und Weise in Beziehung stehen, so sind sie zum Beispiel in Sozialen Netzwerken miteinander befreundet.

---

[46] Vgl. Ebersbach; Glaser; Heigl (2011), S. 32 ff.; sowie Anlage 30: Vergleich von Web 2.0 und Social Media
[47] Vgl. Grabs, A; Bannour, K. (2011), S. 21
[48] Vgl. Grabs, A; Bannour, K. (2011), S. 22

Um Inhalten diese soziale Komponente zu verleihen und Interaktion zu schaffen, können sich User einer Vielzahl von Tools und Plattformen im Social Web bedienen. Sie alle dienen, wenn auch in unterschiedlicher Form, der Kommunikation und dem Austausch von Informationen und Inhalten.[49] Die folgende Abbildung 4 zeigt wesentliche SoMe Tools, gegliedert nach Anwendungsgebieten und Nutzenstiftung.

Abbildung 4: Social Media Prisma V 4.0, Quelle: Ethority (2012a)

Da es sich hierbei bereits um eine unübersichtlich große Menge an Tools handelt, werden in der weiteren Studie nur jene Tools betrachtet, die vom Autor im Zuge des Recruitings als sinnvoll erachtet werden.

---

[49] Vgl. Grabs, A; Bannour, K. (2011), S. 22

2.3.3 Social Media – nur ein Hype?

- Facebook übernimmt Instagram für € 900 Mio.[50]

- Google kauft YouTube für $ 1.65 Mrd.[51]

- Auch ohne Verdienst wird Twitter von Experten mit rund $ 1 Mrd. bewertet.[52]

Es sind Schlagzeilen wie diese und nicht zuletzt der geplante Börsengang von Facebook[53], der Branchenberichten zufolge Facebook einen Marktwert von bis zu $ 100 Mrd. US-Dollar bescheinigt, die in vielen die Erinnerung an die Dotcom-Blase und deren Platzen Ende der 90er Jahre aufkommen lassen. Doch viele Kritiker verkennen die grundlegenden Differenzen zu den Zeiten der „New Economy".[54]

Der wesentliche Unterschied zur Blütezeit der New Economy ist, dass nicht länger einzelne Unternehmen im Fokus stehen, sondern dass der User ins Zentrum rückt. Dies würdigte das Time Magazine[55] schon 2006, in dem es mit „You" jeden einzelnen der zahlreichen User, die dank der neuen Technologien ihre Meinungen und Gedanken ins Internet stellen konnten, zur Person des Jahres kürte.

So ist momentan viel eher von einem Facebook-Hype zu sprechen, der dem 901 Mio. Mitglieder zählenden Netzwerk enorme Aufmerksamkeit beschert. Doch der herbe Absturz der Nutzerzahlen, wie sie bei den VZ-Netzwerken und bereits einige Jahre früher bei Myspace beobachtet werden konnten, lässt sich für Facebook nicht ausschließen und wird von einer Reihe von Kritikern schon für die nächsten zehn Jahre prognostiziert.[56]

Das Aufkommen von SoMe als bloßen Hype abzutun, wäre daher eine zu kurzfristige Sicht auf diese Technologie, denn längst haben sie sich auch in den Massenmedien etabliert. So ist es bereits Alltag, dass Spiegel Online-Blogeinträge zitiert oder dass BBC und die Tagesschau in ihrer Berichterstattung auf YouTube-Videos zurückgreifen. Und selbst der Umstand, dass sich Politiker zu Themen zeitnah per Twitter zu Wort melden, wirkt heute nicht mehr befremdlich.[57]

Der Hype um Facebook kann den grundlegenden und richtungsweisenden Wandel des Kommunikationsverhaltens nicht kaschieren. Aktuelle Erhebungen zum Online-Nutzerverhalten be-

---

[50] Vgl. Benoit, D. (2012)
[51] Vgl. MSNBC (2006)
[52] Vgl. Manager Magazin (2009)
[53] Vgl. Handelsblatt (2012a); sowie Hohensee, M. (2012), S. 44f.
[54] Vgl. Bernauer, D. et al. (2011), S. 18; sowie Hohensee, M. (2012), S.46
[55] Vgl. Grossman, L. (2006)
[56] Vgl. Dworschak; Rosenbach; Schmundt (2012), S. 127 ff.

scheinigen Sozialen Netzwerken einen immensen Zuspruch über alle Altersgruppen hinweg. So sind drei von vier Internetnutzern angemeldete User mindestens eines der vielzähligen Sozialen Netzwerke.[58] Neben der jungen Zielgruppe der 14- bis 29-Jährigen, die bereits zu fast 100% erschlossen wurden, ist es vor allem die Gruppe der sog. „Silver Surfer", also User im Alter von 50+, die den größten Zuwachs in den Sozialen Netzwerken ausmacht.[59]

Beachtet man den Beteiligungsboom, der durch das Mitmach-Web ausgelöst wurde, und verbindet das mit den Ergebnissen der Nielsen-Studie[60], die belegt, dass sich 90% der Befragten im Internet informieren und 78 % hierbei besonders auf die Empfehlungen von Freunden und Bekannten vertrauen, so werden die Möglichkeiten, die sich durch SoMe bieten, aber auch die Gefahren, die damit verbunden sind, erst erkennbar.[61]

Im Folgenden werden ausgewählte und populäre Plattformen und Kanäle der SoMeCo detailliert vorgestellt und betrachtet. Da es, wie schon in Abbildung 4 zu erkennen ist, eine Vielzahl solcher Tools gibt, werden vom Autor nur jene erwähnt, welche für die spätere Bearbeitung sinnvoll erscheinen. Die Vorstellung der Sozialen Netzwerke, Micro-Blogging-Dienste und Videoportale erfolgt dabei beispielhaft anhand der in Deutschland erfolgreichsten Portale.

---

[57] Vgl. Halberschmidt, T. (2012)
[58] Vgl. BITKOM (2011), S. 6
[59] Vgl. BITKOM (2011). S. 7
[60] Vgl. Nielsen (2007); sowie Grabs, A.; Bannour, K. (2011), S. 24
[61] Vgl. Weinberg, T. (2009), S. 4 ff.

2.4 Kommunikationsinstrumente des Web 2.0 und der Social Media Communication

2.4.1 Weblogs

Die Bezeichnung *Weblog*, oder auch in Kurzform oft Blog, setzt sich aus den beiden Begriffen Web, von World Wide Web, und Log, von Logbuch zusammen. Der Blog gilt als Inbegriff des UGC und als Ursprung des Webs 2.0, denn hier vereinen sich alle wesentlichen Prinzipien O'Reillys.[62]

Die Idee, die dem Blog zu Grunde liegt, ist die eines Tagebuchs. Nur ist es nicht länger in einer Schublade eingeschlossen, sondern für jeden frei zugänglich im Internet. In der Regel sind die Beiträge in umgekehrt chronologischer Reihenfolge geordnet.[63]

Der Unterschied zur statischen Website besteht darin, dass der Autor nicht länger allein aktiv ist. Die Leser abonnieren die Blog-Einträge per RSS-Feeds und reagieren auf diese in Form von Kommentaren oder Verlinkungen. So dient die Plattform zur Entstehung von Diskussionen zwischen mehreren Parteien.[64] Durch die Verlinkung auf andere Blogs mit ähnlichen Themen können Vernetzungen entstehen, die mit steigender Partizipation der User auch bei Suchmaschinen wie Google Relevanz erzeugen und dementsprechend bei der Suche eingestuft werden. Bei vielen Suchbegriffen haben Blogs statische Websites schon von den vorderen Plätzen der Suchlisten verdrängt.[65]

Seit den 90er Jahren haben sich unzählige Blogs gebildet, allein in Deutschland gibt es zurzeit rund zwei Millionen aktive Blogs[66]. Die meisten davon lassen sich den folgenden Kategorien zuordnen:[67]

- Watchblogs: kritische Auseinandersetzung, v. a. mit Themen der Politik, Umwelt, Wirtschaft und der Medien

- Litblogs: die Weiterentwicklung des klassischen Lese- und Literaturzirkels

- Fotoblogs: Plattform zur Veröffentlichung von Fotos

---

[62] Vgl. Huber, M. (2010), S. 31 f.
[63] Vgl. Alby, T. (2008), S. 22
[64] Vgl. Huber, M. (2010), S. 46
[65] Vgl. Bernauer, D. et al. (2011), S. 64 f.
[66] Vgl. Huber, M. (2010), S. 33
[67] Vgl. Alby, T. (2008), S. 21

- Corporate Blogs: von Unternehmen betriebene Blogs

Diese Arbeit wird in der anschließenden Analyse in den folgenden Kapiteln ausschließlich die Verwendung von Corporate Blogs betrachten.

2.4.1.1 Corporate Blogs

In Corporate Blogs werden verschiedene Personen oder Personengruppen eines Unternehmens, in seltenen Fällen auch externe Agenturen, aktiv. Am häufigsten gestalten dabei Angestellte den Firmen-Blog. Unterschieden werden hierbei interne und externe Blogs.[68]

Interne Blogs sind meist Knowledge-Blogs zur Unterstützung des Wissensmanagements sowie Projekt-Blogs mit dem Zweck der Koordination und Erleichterung der teamübergreifenden Zusammenarbeit.

Intensivere Nutzung erfahren die Corporate Blogs in der externen Marktkommunikation. Der Blog-Einsatz dient dazu, dem Kunden besondere Informationen und Services bereitzustellen. Besonders zu erwähnen sind die Mitarbeiter- und Azubi-Blogs, wie sie zum Beispiel erfolgreich von Frosta[69] und Festo[70] betrieben werden. Hier berichten Mitarbeiter und Azubis aus ihren Abteilungen und geben Einblicke in den Arbeitsalltag und nebenbei noch hilfreiche Tipps für Bewerber. Zudem sind in den Blogs Interviews, Videos und Fotos eingebettet.

Darüber hinaus werden häufig Service-Blogs betrieben, in welchen Kunden weiterführende Informationen zu Produkten erhalten und sich aktiv, durch Verbesserungsvorschläge, in die Produktentwicklung einbringen können. Im Marketing haben sich temporäre Kampagnen-Blogs etabliert, welche oft von professionellen Agenturen zu bestimmten Produkteinführungen genutzt werden.[71]

2.4.1.2 Microblogs

Eine Unterform des Blogs stellt der Microblog dar. Den Hauptunterschied zu Blogs liegt in der limitierten Zeichenmenge. Meist ist ein einzelner Beitrag auf 140 Zeichen, also die maximale Länge einer SMS, begrenzt. In den letzten Jahren erlangte vor allem der 2006 in San Francisco gegründete Dienst „Twitter" Bekanntheit. In Deutschland verzeichnet der Kurznachrichtendienst

---

[68] Vgl. Manouchehri Far, S. (2010), S. 30 ff.
[69] Vgl. Frosta (2012)
[70] Vgl. Festo (2012); sowie Anlage 2: Beispiele zu Azubi-Blogs
[71] Vgl. Beck, C. (2008), S. 47

ein seit dem Jahr 2008 anhaltendes Wachstum der Nutzerzahlen.[72] Laut Studien sind bereits 6 % der Deutschen aktive Twitter-User, hier zeigt sich, besonders im Hinblick auf Netzwerke wie Facebook, ein hohes Wachstumspotential.[73]

Abbildung 5: Twitter-Logo, Quelle: Twitter (2012)

Microblogs unterliegen denselben Prinzipien wie Blogs. User veröffentlichen Statusmeldungen („Tweets"), diese sind entweder adressatenspezifisch, für direkte Kontakte („Follower") oder aber für alle Mitglieder einsehbar. Der User selbst hat die Möglichkeit, auf einzelne Tweets zu antworten, sie weiterzuleiten („retweet") oder sie zu kommentieren. Durch das sog. Tagging, das Markieren eines Begriffs mittels Hashtag (Rautenzeichen), lassen sich Statusmeldungen verschiedenen Themen zuordnen.[74]

Der wesentliche Kommunikationsunterschied zu Blogs besteht darin, dass Twitter ein Echtzeitmedium ist. Der Fokus liegt hier auf der Geschwindigkeit und Reichweite, mittels welchen Informationen gestreut werden, denn viele Inhalte auf dieser Plattform werden durch Retweets einfach weitergeleitet.[75] Wie Blogs erzeugen Microblogs ebenfalls Relevanz bei Suchmaschinen. Aufgrund der Schnelllebigkeit von Tweets sind sie vor allem in der Real Time Search für Google und Co. von Bedeutung und können binnen Minuten gefunden werden.[76]

2.4.2 Online Communities – Soziale Netzwerke

Heute wird die Bezeichnung „Soziale Netzwerke" oder aber auch „Social Networks" schon fast zwangsläufig mit dem Internet und Facebook assoziiert. Aber die Prägung des Begriffs geht bis in die frühen 50er Jahre des vergangenen Jahrhunderts zurück. Damals festigte sich vor allem in der anglo-amerikanischen Soziologie der Begriff der Sozialen Netzwerke.[77]

---

[72] Vgl. Schmidt, H. (2012); sowie Anlage 3: Twitter-User in Deutschland und im Vergleich zu anderen Nationen
[73] Vgl. BITKOM (2011), S. 8
[74] Vgl. O'Reilly, T.; Milstein, S. (2009), S. 7 ff.
[75] Vgl. Grabs, A.; Bannour, K. (2011), S. 175
[76] Vgl. Grabs, A.; Bannour, K. (2011), S.174
[77] Vgl. Schäfers, B. (2010), S. 135 ff.

Der gängigen wissenschaftlichen Definition zufolge beschreiben diese Netzwerke vor allem die Qualität der menschlichen Beziehungen der Kontakte untereinander, diese werden von schwachen Bekannten bis hin zu intimen Beziehungen hierarchisiert.[78]

Während früher vor allem Vereine und Verbände zur Pflege dieser Netzwerke dienten, wurden im Zuge der Flexibilisierung und Mobilisierung von Arbeitsplätzen die Freiräume und Möglichkeiten Aktivitäten zur Netzwerkpflege erheblich eingeschränkt. Die Folge einer Vielzahl von Umzügen sowie längerer Auslandsaufenthalte ist nicht selten eine Verkümmerung des regionalen Freundeskreises. Für den Zweck die Qualität dieser Beziehungen, auch bei großer räumlicher Distanz, aufrechtzuerhalten, stellen Online-Communities die optimale Plattform dar.[79]

In Deutschland existiert eine Vielzahl unterschiedlicher Netzwerke, die sich in fünf verschiedene Kategorien gliedern lassen:[80]

1. Geographische Online Communities:
   Lokalisierung der User bietet die Möglichkeit regionaler Themen und Informationen

2. Demographische Online Communities:
   Fokussierung bestimmter demographischer Gruppen wie Männer, Frauen, Senioren etc.

3. Beziehungs-Netzwerke:
   Fokussierung auf die Beziehungen der User untereinander

4. Special Interest Online Communities:
   Greifen gezielt einzelne Interessen der User wie Hobbys oder Aktivitäten auf, vor allem im Bereich des Sports gibt es große Netzwerke[81]

5. Business-Netzwerke:
   Widmen sich der Pflege von geschäftlichen Kontakten und vermehrt auch der Findung neuer Kontakte

Erhebungen zufolge sind 74 % der Internetnutzer, über alle Altersklassen hinweg, angemeldete Nutzer eines Sozialen Netzwerkes. Durchschnittlich sind die User bei 2,3 Netzwerken angemel-

---

[78] Vgl. Clausen, L. (2007), S. 456 f.
[79] Vgl. Huber, M. (2010), S. 33
[80] Vgl. Bernauer, D. et al. (2011), S. 50 f.
[81] Vgl. scoialN (2012)

det. Der Schwerpunkt[82] liegt hierbei seit einigen Jahren, auf den Beziehungs- sowie Businessnetzwerken.[83]

2.4.2.1 Beziehungs-Netzwerke

Der häufig benutzte Ausdruck „Social Network" meint meist den Begriff der Beziehungs-Netzwerke und findet auch in der Fachliteratur oft synonym Anwendung. Unter Beziehungs-Netzwerken werden Web 2.0-Portale verstanden, welche eine Gemeinschaft von Usern beheimaten. Die dahinter stehende Idee ist die, dass sich bereits im realen Leben miteinander, wenn auch nur vage verbundene Personen, ebenfalls online miteinander vernetzen und austauschen.[84]

Das wesentliche Merkmal eines Beziehungs-Netzwerks sind die detailreichen User-Profile. Sie enthalten eine Vielzahl von persönlichen Informationen der einzelnen User, wie zum Beispiel Alter, Hobbys oder Vorlieben.[85]

In Deutschland zählen vor allem die VZ-Netzwerke[86] mit zusammen knapp 16 Mio. Mitgliedern, StayFriends[87] mit 13,5 Mio. Mitgliedern sowie Wer-Kennt-Wen[88] mit 9,5 Mio. Mitgliedern zu den bedeutendsten Sozialen Netzwerken.

Diese Zahlen verschleiern jedoch, dass eine große Zahl der Mitglieder zwar angemeldet, aber in diesen Netzwerken nicht mehr aktiv ist, d. h. lediglich einen Seitenaufruf innerhalb von 30 Tagen tätigen. Besonders deutlich wird dies im Fall von StudiVZ[89], dem größten Netzwerk der VZ-Gruppe. Hier handelt sich bei der Hälfte der Mitglieder um Inaktive.[90]

---

[82] Vgl. Anlage 4: Auszüge aus der ARD/ZDF Online-Studie 2011 (I); sowie Anlage 7: Nutzung der Social Media Plattformen
[83] Vgl. BITKOM (2011), S. 6 ff.
[84] Vgl. Grabs, A.; Bannour, K. (2011), S. 207 ff.
[85] Vgl. Weinberg, T. (2009), S. 167 ff.
[86] Vgl. MeinVZ (2012)
[87] Vgl. Stayfriends (2012)
[88] Vgl. Wer-kennt-wen (2012)
[89] Vgl. StudiVZ (2012)
[90] Vgl. BITKOM (2011), S. 8

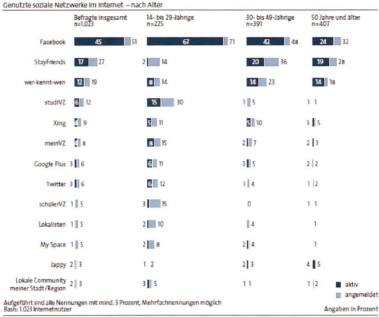

Abbildung 6: Genutzte Soziale Netzwerke, Quelle: BITKOM (2011), S. 8

Facebook ist in Deutschland, wie auch in den meisten anderen Ländern der Erde, mit über 23 Mio. aktiven Usern der unangefochtene Marktführer. Besonders auffällig ist, dass nur ein verschwindend geringer Teil der User inaktiv ist. 59 % der deutschen Mitglieder sind sogar tägliche Nutzer des Internetdienstes, das entspricht in etwa dem weltweiten Durchschnitt, wonach 526 Mio. der 901 Mio. Mitglieder mindestens einmal täglich online sind. Besonders durch die stetige Verbreitung des mobilen Internets ist eine Abschwächung des Trends in den nächsten Jahren nicht zu erwarten.[91]

Abbildung 7: Facebook-Logo, Quelle: Facebook (2012)

---

[91] Vgl. Dworschak; Rosenbach; Schmundt (2012), S. 133

Aufgrund der Quasi-Alleinstellung Facebooks in der für dieses Fachbuch relevanten Zielgruppe erfährt ausschließlich dieses Beziehungs-Netzwerk eine nähere, für alle Netzwerke beispielhafte Betrachtung.

Die User haben die Möglichkeit, mit anderen „befreundeten" Usern Nachrichten auszutauschen, Statusmeldungen zu abonnieren und zu kommentieren sowie diese durch das „liken" (drücken des „gefällt mir"-Buttons) weiterzuleiten. Sie können Orte markieren, an denen sie sich befinden, sowie Fotos und Videos auf der Plattform ablegen.[92]

Neben diesen grundlegenden Funktionen bestehen noch eine Reihe weiterer Möglichkeiten die Facebook seinen Usern bietet. Darunter zum Beispiel die Gründung von sog. „Fan-Pages", das Betreiben von Social Games oder die Mitgliedschaft in Interessens-gruppen. [93]

2.4.2.2 Business-Netzwerke

Der zweite Trend der Online Communities ist das Business-Netzwerk. Es bietet im Wesentlichen dieselben Funktionen wie Facebook als Beispiel des Social Networks. User legen Profile an, welche sie mit Informationen füllen. Da diese Netzwerke auf die Pflege und das Knüpfen beruflicher Kontakte abzielen, sind die Informationen der User in der Regel geschäftlicher Natur. So werden Lebensläufe samt allen ehemaligen Arbeitgeber und Fortbildungen sowie Studienorte und Referenzen erstellt und mit den Kontakten geteilt.[94]

Abbildung 8: Anzahl User Xing und LinkedIn, Quelle: LinkedInsider Deutschland (2012a)

---

[92] Vgl. Alby, T. (2008), S. 102; sowie Huber, M. (2010), S. 120 f.
[93] Vgl. Grabs, A.; Bannour, K. (2011), S. 214 ff.
[94] Vgl. Weinberg, T. (2009), S. 183 f.

In Deutschland kommt den beiden populären Netzwerken Xing und LinkedIn die größte Aufmerksamkeit zu. Xing ist mit weltweit über 12 Mio. angemeldeten Usern, darunter 5,5 Mio.[95] im deutschsprachigen Raum, das erfolgreichste Business-Netzwerk in Deutschland.[96] Das stärker international fokussierte US-Netzwerk LinkedIn ist zurzeit mit über 150 Mio. Usern das größte Business-Netzwerk der Welt[97] und verzeichnet auch in Deutschland stetigen Zuwachs an Usern.

Abbildung 9: Xing-Logo, Quelle: Xing (2012a)

Das 2003 in Hamburg unter dem Namen OpenBC gegründete Business-Netzwerk Xing hat für den deutschen Markt immer noch die größte Bedeutung. In den Funktionen und Möglichkeiten unterscheidet es sich aber meist nur in der Gestaltung des Layouts von LinkedIn. Charakteristisch für Xing ist nicht nur die breite Spanne an von Usern geleiteten Gruppen, die sich vor allem Berufsgruppen, Technologien oder Hobbys verschrieben haben, sondern auch die große Anzahl an direkt von Xing betriebenen Gruppen, die sich in offizielle Regional-, Branchen- und Hochschulgruppen teilen.[98]

Eines der wesentlichen Merkmale Xings ist die Anzeige der Verbindung zu Kontakten. So kann der User erkennen, über welche und wie viele Kontakte und Kontakte von Kontakten er mit einer Person verbunden ist.[99]

---

[95] Vgl. Xing (2012b)
[96] Vgl. Handelsblatt (2012b)
[97] Vgl. LinkedInsider Deutschland (2012b)
[98] Vgl. Alby, T. (2008), S. 102 f.
[99] Vgl. Grabs, A.; Bannour, K. (2011), S. 259

2.4.3 Podcasts

2.4.3.1 Audio- & Video-Podcasts

Podcasts sind quasi der Hörfunk und das Fernsehen der Zukunft und bestehen aus Audio- oder auch Video-Dateien, die von verschiedenen Organisationen und auch Unternehmen zum kostenfreien Download im Internet bereitgestellt werden. Es besteht die Möglichkeit, diese Podcasts mittels eines Podcatchers sowie Newsletter oder aber auch Blogeinträgen zu abonnieren. Hierfür werden die aktuellen Podcasts per RSS-Feed automatisch heruntergeladen.[100]

Die Bezeichnung *Podcast* ist ein Modewort des britischen Journalisten Ben Hammersley aus dem Jahr 2005[101] und entstand aus den beiden Begriffen iPod, dem populären MP3-Player der Marke Apple, welcher als erstes mobiles Endgerät diese Dateien empfangen konnte, und Broadcast (dt. Rundfunk).[102] Vor allem der stetige Ausbau der mobilen Breitbandinternetnetze führt zu einer wachsenden Anzahl von Abrufen auf mobilen Endgeräten. So werden heute schon über 10 % der in Deutschland gehörten und gesehenen Podcasts von unterwegs abgerufen.[103]

Der Inhalt kann aus Journal-Beiträgen, Musik oder Kritiken bestehen. Immer häufiger werden auch Nachrichten auf diese Weise verbreitet.[104] War hier vor allem der NDR noch Vorreiter in Deutschland, so wird inzwischen selbst die Tagesschau[105] als Podcast angeboten. Aufgrund seiner hohen inhaltlichen wie technischen Qualität wurde dieser Podcast 2012 mit dem Grimme Online Award ausgezeichnet.[106] Sogar Angela Merkel begann 2006 in ihrer Position als Bundeskanzlerin[107], einen eigenen Video-Podcast zu betreiben.

Abgrenzen lassen sich als Podcast bereitgestellte Video-Dateien von der Onlinebereitstellung von Videos über Videoplattformen. Vor allem Letztere gewinnen in Deutschland immer mehr an Bedeutung. Hierzulande werden diese Portale vor allem von den reichweitenstarken TV-Sendern betrieben, wodurch rückläufige Zuschauerzahlen und wegbrechende Werbeerlöse kompensiert werden sollen.[108] Als Beispiele hierfür gelten MyVideo[109] der ProSiebenSat.1-

---

[100] Vgl. Alby, T. (2008), S. 73
[101] Vgl. Roth, S. (2007), S. 138
[102] Vgl. Bernauer, D. et al. (2011), S. 83
[103] Vgl. Rothstock, K. (2010)
[104] Vgl. Huber, M. (2010), S. 45 ff.
[105] Vgl. Tagesschau (2012)
[106] Vgl. Zeit (2012)
[107] Vgl. Bundeskanzlerin (2012)
[108] Vgl. Hofmann, A. (2012)
[109] Vgl. MyVideo (2012)

Gruppe sowie Clipfish[110] der RTL Group oder die Mediathek der öffentlich-rechtlichen Sender. Dennoch ist YouTube das mit weitem Abstand populärste Portal.[111]

2.4.3.2 Video-Plattformen am Beispiel YouTube

Betrachtet man YouTube als eine Suchmaschine, dann wäre es hinter Google die zweitgrößte weltweit. Jeden Tag werden hier 100.000.000 Videos abgespielt. Bei YouTube laden die User ihre Videos hoch, um sie so mit anderen Usern zu teilen. Der Unterschied zu den Sozialen Netzwerken ist vor allem, dass die Videos für alle Nutzer, meist auch ohne Registrierung, einsehbar sowie kommentierbar sind. Hier besteht keine Möglichkeit, Beiträge nur für befreundete Kontakte sichtbar zu machen.[112]

Abbildung 10: YouTube-Logo, Quelle: YouTube (2012)

Den Erfolg dieser Portale macht die Möglichkeit aus, Videos uneingeschränkt zu verbreiten und zu teilen. Meist sind die hochgeladenen Videos selbst produziert oder Mitschnitte aus dem TV. Es werden aber auch immer mehr professionelle Inhalte, darunter ganze Marketing-Kampagnen, hochgeladen.

In Deutschland sind 58 % der Internetnutzer zumindest gelegentlich auf YouTube, deren Fokus liegt hierbei auf Musikvideos (70 %). Der Wunsch der Konsumenten nach immer größerer Flexibilität führt dazu, dass die Nachfrage nach Kurzfilmen (33 %) und auch ganzen Serien und Spielfilmen (26 %) auf YouTube immer weiter ansteigt.[113]

---

[110] Vgl. Clipfish (2012)
[111] Vgl. Anlage 8: Vergleich der User von Video-Plattformen in Deutschland
[112] Vgl. Alby, T. (2008), S. 74
[113] Vgl. Busemann, K.; Gscheidle, C. (2011), S. 363

2.4.4 Wikis

Die Bezeichnung Wiki gewinnt durch den Mitmach-Boom des Webs 2.0 immer mehr an Bedeutung.[114] Wikis sind miteinander verknüpfte Inhalte auf einer gemeinsamen Plattform. Die Inhalte können von allen Usern ergänzt, bearbeitet oder korrigiert werden. Ebenfalls ist das Erstellen von immer neuen Seiten und deren Verknüpfung mit bestehenden möglich.[115] Da die Wikis die entsprechenden Bearbeitungstools selbst zur Verfügung stellen, ist es für alle zugänglich und die Erstellung sowie Bearbeitung von Seiten auch ohne Programmier-Know-how möglich.[116]

Laut Wikipedia, dem wohl bekanntesten aller Wikis, ist das Wort Wiki aus dem Hawaiianischen entnommen und bedeutet auf Deutsch „schnell". Das 2001 gegründete freie Online-Lexikon ist das meist genutzte Nachschlagewerk und auf Platz sechs der am häufigsten frequentierten Websites der Welt.[117]

Abbildung 11: Wikipedia-Logo, Quelle: Wikipedia (2012b)

Wikis verkörpern das Prinzip der kollektiven Intelligenz. So werden Artikel in Wikipedia von einer Vielzahl von Usern korrigiert. Das hat zur Folge, dass Wikipedia weitaus umfangreicher ist als die Encyclopædia Britannica und viele Wikipedia-Artikel an Genauigkeit mit den Inhalten derselben konkurrieren können.[118] Ziel eines Wikis ist es, das Fachwissen mehrerer User zu verschiedenen Themen zu konsolidieren und für alle zugänglich zu machen.[119]

Neben dem populären Beispiel von Wikipedia gibt es vor allem eine Vielzahl von Film- und Serienwikis oder auch Unternehmenswikis.

---

[114] Vgl. Grabs, A.; Bannour, K. (2011), S. 21 ff.
[115] Vgl. Klobas, J. (2006), S. 3 f.; sowie Send, H. (2012), S. 105 ff.
[116] Vgl. Klobas, J. (2006), S. 8; sowie Kain, A. (2012), S. 165 f.
[117] Vgl. Wikipedia (2012a); sowie Anlage 9: Wikipedia-Statistiken
[118] Vgl. Qualman, E. (2009), S. 39; sowie Komus, A.; Wauch, F. (2008), S. 69 ff.
[119] Vgl. Komus, A.; Wauch, F. (2008), S. 5 f.

2.4.5 Arbeitgeberbewertungsportale

Die meisten Netzwerke entstanden aus dem Bedürfnis der Menschen, sich zu äußern. Ein frühes Phänomen auf dem Web 2.0 waren daher Bewertungsplattformen insbesondere im Bereich der Konsumgüter. Speziell im Tourismus sind diese Portale allgegenwärtig; es gibt kaum noch jemanden, der eine Reise bucht, ohne vorher auf Hotelbewertungsportalen wie Tripadvisor[120] nach Informationen über die Qualität von Hotels zu suchen.[121]

Bewertungen der Arbeitgeber gibt es ebenfalls schon lange, jedoch sind diese bisher auf private Kreise beschränkt und geschehen meist nur unter Bekannten. Ein klassisches Beispiel hierfür ist der Sportverein oder der Stammtisch.

Was Hotelbewertungsplattformen für Reisende sind, ist kununu für Jobsuchende. Hier wurde 2007 von einem Wiener Start-up erstmals ein zentraler Ort geschaffen, um Arbeitgeber zu bewerten und diese Bewertungen für alle öffentlich einsehbar zu machen.[122]

Abbildung 12: kununu-Logo, Quelle: kununu (2012b)

Kununu, was aus dem Suahelischen stammt und so viel bedeutet wie „unbeschriebenes Blatt", ist die erste und derzeit erfolgreichste Arbeitgeberbewertungsplattform im deutschsprachigen Raum, auf der Arbeitnehmer ihre Arbeitgeber anonym und kostenlos bewerten können. Bewertet werden vor allem die Bezahlung, die Kompetenz der Vorgesetzten sowie das Betriebsklima; ebenso haben Bewerber die Möglichkeit, den Bewerbungsprozess zu bewerten. Im Gegensatz zu den Bewertungsportalen für Konsumgüter bietet kununu den Arbeitnehmern neben der Gelegenheit zu Bewertungen auch die Möglichkeit, gezielt Verbesserungsvorschläge zu machen.[123]

---

[120] Vgl. Tripadvisor (2012)
[121] Vgl. BernetBlog.ch (2012)
[122] Vgl. Zuckowski, E. (2011), S. 14
[123] Vgl. kununu (2012a)

3 Ist-Aufnahme der Personalmarketing-Strategie im Bereich des Auszubildenden-Recruitings branchenweit und bei der DACHSER GmbH & Co. KG

3.1 Branchenübergreifende Trends im Ausbildungsmarkt

Die meisten Unternehmen, speziell die in den Industrienationen, verzeichnen einen starken Zuwachs an wissensintensiven Aufgaben und Aktivitäten. Sie müssen sich durch überlegenes Know-how von Entwicklungsländern mit weitaus geringeren Lohn- und Produktionskosten abheben. Da die Mitarbeiter und ihr Wissen die Grundlage dieses entscheidenden Vorsprungs darstellen, wird das Personalmanagement zunehmend als fundamentaler Wettbewerbsfaktor wahrgenommen.[124]

Besonders der Ausbildung von qualifiziertem Nachwuchs zu Fach- und Führungskräften kommt in diesem Umfeld eine erhebliche Bedeutung zu. Nur wer den Ausbildungsmarkt kennt, seine gestiegenen Anforderungen versteht und die Bedürfnisse der Zielgruppe befriedigt, kann den Wettbewerb um die besten Absolventen gewinnen und so langfristig den Unternehmenserfolg sichern.[125] Die wichtigsten Trends des Ausbildungsmarktes sollen daher im Folgenden dargestellt werden, um die Zielgruppe des PM und die Aufgaben des PM genau bestimmen zu können.

---

[124] Vgl. Simon, H. et al. (1995), S. 9 ff.
[125] Vgl. Bruckner, C. (2007), S. 1

3.1.1 Demografischer Wandel

Der erste bedeutsame Trend im Ausbildungsmarkt ist der von Unternehmen zu bewältigende demografische Wandel, der vor allem in Deutschland stark zu erkennen ist und immer mehr Unternehmen vor eine Herausforderung in der Personalarbeit stellt.

3.1.1.1 Entwicklung der gesamten deutschen Bevölkerung

Im Gegensatz zur Entwicklung der Weltbevölkerung ist die Einwohnerzahl Deutschlands seit Jahren kontinuierlich rückläufig. Abbildung 13 und 14 machen deutlich, dass in Deutschland zum einen der Anteil der Sterbenden nicht durch Neugeborene gedeckt wird und dass es in Deutschland zum ersten Mal seit dem Zweiten Weltkrieg ein negatives Zuwanderungswachstum gibt.[126]

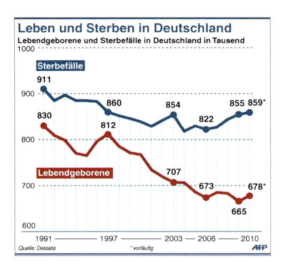

Abbildung 13: Leben und Sterben in Deutschland, Quelle: Donaukurier (2011)

Die geringe Geburtenrate in Deutschland führt dazu, dass schon jetzt nur noch zwei Drittel der Elterngeneration durch Kinder ersetzt werden. Dies und die steigende Lebenserwartung der Bevölkerung führen zu einer stetig steigenden Ungleichheit im Zahlenverhältnis von Jung und Alt.

---

[126] Vgl. Statistisches Bundesamt (2011), S. 12 ff.

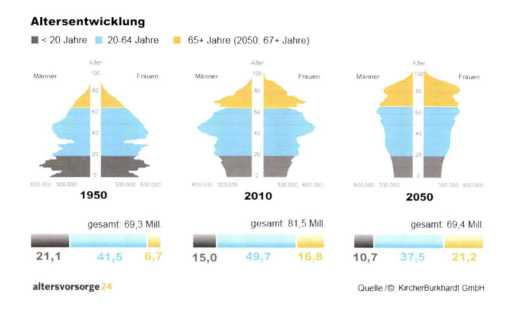

Abbildung 14: Altersentwicklung in Deutschland, Quelle: Destatis (2011)

Das Ungleichgewicht der Altersstruktur hat auch Konsequenzen für den Arbeitsmarkt. Stark verkürzt lassen sich diese Konsequenzen wie folgt zusammenfassen: Das Durchschnittsalter der Belegschaft steigt an, während sich gleichzeitig ein Mangel an jungem Nachwuchs einstellt. Vor allem die Generation der Baby Boomer, die bis jetzt noch den Großteil der Erwerbstätigen stellt, wird in den nächsten Jahren verstärkt in die Rente gehen und wird nicht in gleichwertiger Anzahl ersetzt werden können.[127]

Trotz des Rückgangs an Nachwuchskräften plant und erwartet derzeit fast die Hälfte der Unternehmen einen Anstieg der Mitarbeiterzahlen sowie die verstärkte Zunahme von Ausbildungsplätzen.[128] Die hieraus resultierende Konkurrenz um die besten Absolventen sowie Nachwuchskräfte wird in der Literatur oftmals als „War for Talents" bezeichnet.

3.1.1.2 Entwicklung des Ausbildungsmarkts

Die Fachkräftesicherung, besonders in Zeiten des demografischen Wandels, ist die oberste Priorität der Ausbildung in vielen Unternehmen. So gaben 82 % der Teilnehmer einer repräsentativen Studie des Deutschen Industrie- und Handelskammertages (DIHK) an, dass sie trotz rückläufiger Bewerberzahl auch 2012 nicht weniger Ausbildungsplätze anbieten wollen.[129]

---

[127] Vgl. Roman Herzog Institut (2007), S. 5 f.
[128] Vgl. Weitzel, T. et al. (2012), S. 8
[129] Vgl. DIHK (2012), S. 7 f.

Die stetig steigende Zahl der Ausbildungsplätze führt zu einem grundlegenden Wandel des Ausbildungsmarkts. Schon heute ist der Markt, vor allem in vielen ländlichen Regionen, ein Bewerbermarkt geworden, in welchem zukünftige Azubis vielfach zwischen mehreren Ausbildungsoptionen wählen können.[130]

Die Anzahl der Unternehmen, die 2011 nicht alle Ausbildungsplätze besetzen konnten, blieb zwar im Vergleich zum Vorjahr mit über 20 % relativ stabil, dies liegt aber vor allem an Einmaleffekten, die das Ergebnis verfälschen. So gab es sowohl in Baden-Württemberg als auch in Bayern und Niedersachsen doppelte Abiturjahrgänge. Zudem führte die Aussetzung des Wehr- und Zivildienstes zu einer erhöhten Zahl an Schulabgängern, die auf den Ausbildungsmarkt strömten.

Wesentlicher Grund für die Besetzungsprobleme ist der demografiebedingte Bewerberrückgang. Dies ist vor allem auf die seit Jahren rückläufigen Schulabgängerzahlen zurückzuführen den die Bundesagentur für Arbeit auf 30 % beziffert[131]. Diese Angabe ist kritisch zu betrachten, da die Anzahl der gemeldeten Interessenten nicht zwangsläufig die Anzahl der Abschlüsse indiziert. Viel eher ist es so, dass durch aktivere Unternehmen zukünftige Azubis schon Verträge für Ausbildungsverhältnisse abgeschlossen haben, sodass sie sich nicht als Interessenten bei der Bundesagentur melden.

Auch wenn die Zahl der Bundesagentur für Arbeit zu hoch angesetzt ist, so ist die Zahl der Schulabgänger zwischen 2005 und 2006 von 940.000 um 7 % auf 873.000 gefallen. Die Angaben der DIHK belegen die Präferenz der Jugendlichen für den Besuch von Schulen, die zur Erlangung der Hochschulreife führen. Denn während vor allem die Gymnasien und Berufsfachschulen Zuwächse in den Abgängerzahlen verzeichnen, ist die Anzahl der Schulabgänger von Haupt- und Realschulen im gleichen Zeitraum sogar um über 20 % gefallen.[132]

In den neuen Bundesländern sank die Zahl dieser Schulabgänger, die immerhin die Gruppe bilden, die die Hauptnachfrager nach Ausbildungsplätzen stellt, binnen sechs Jahren von 208.000 auf 105.000, was nahezu eine Halbierung ist.[133]

Da eine Umkehr des Trends vorerst nicht in Sicht ist und vielmehr noch eine Verschärfung der Situation droht, sind es vermehrt die Unternehmen selbst, die sich aktiv um den quantitativ wie qualitativ ausreichenden Eingang von Bewerbungen bemühen müssen.[134]

---

[130] Vgl. Driftmann, H. (2012), S. 2
[131] Vgl. Bundesagentur für Arbeit (2012)
[132] Vgl. Bundesinstitut für Berufsbildung – BIBB (2011), S. 63 ff.; sowie Anlage 10: Datenreport zum Berufsbildungsbericht 2011
[133] Vgl. DIHK (2012), S. 72

3.1.2 Generation PISA

Wie das vorangegangene Kapitel aufgezeigt hat, stehen Unternehmen bei der Fachkräftesicherung durch Ausbildung untereinander im direkten Wettbewerb. Für Unternehmen gilt es, mit zielgruppenspezifischen Maßnahmen die besten Schulabgänger zu gewinnen. Für viele Unternehmen wird es jedoch zunehmend schwieriger, geeignete Kandidaten zu finden, da viele der Schulabgänger den Anforderungen der Wirtschaft nur eingeschränkt entsprechen.

Besonders deutlich zeigte dies das „Programme for International Students Assessment", kurz PISA-Studie, auf. Sie bescheinigte den deutschen Schülern im Alter von 15 Jahren schwache Leistungen in der schriftlichen und mündlichen Verkehrssprache, der mathematischen Modellierungsfähigkeit sowie einer Fremdsprache.[135]

Das Ergebnis, das sich auch in nachfolgenden Studien seit 2001 nicht merklich verbessert hat, besagt, dass in Deutschland jeder fünfte Schüler als Risikoschüler einzustufen ist. Besonders deutlich wird hierbei die Teilung des Bildungssystems, wonach die Gruppe der Risikoschüler sich fast ausschließlich auf die Hauptschulen des Landes verteilt, während besonders im süddeutschen Raum exzellente Ergebnisse an den Gymnasien erzielt werden.[136]

Für Betriebe gehören diese Ergebnisse immer mehr zur Realität des Ausbildungsmarktes und der spürbare Bewerberrückgang macht es Unternehmen noch schwieriger, geeignete Bewerber zu finden. Als weitaus wichtigsten Grund für die Nicht-Besetzung von Ausbildungsplätzen nannten über zwei Drittel der Unternehmen die mangelnde Ausbildungsreife.[137]

Dies führt vor allem zu einem Zwei-Klassen-System auf dem Ausbildungsmarkt, in dem die besten Schulabgänger stark umworben werden und die freie Wahl des Ausbildungsplatzes haben, während ein Fünftel vernachlässigt wird.

In der Vergangenheit führte dies vermehrt zur Diskussion über die Anforderungen mancher Unternehmen an zukünftige Azubis.[138] Vielerorts wurde eine strikte Absenkung der Anforderungen gefordert, da oftmals Ausbildungen nicht länger für Realschüler zugänglich waren, sondern ein Abitur zum Einstieg voraussetzten. In vielen Bereichen ist dies sinnvoll und wird auch von Un-

---

[134] Vgl. Sonnberger, H. (2012)
[135] Vgl. Max-Planck-Institut für Bildungsforschung (2002), S. 8 ff.
[136] Vgl. Füller, C. (2011)
[137] Vgl. DIHK (2012), S. 19 ff.; sowie Anlage 11: Ausbildungshemmnisse
[138] Vgl. Driftmann, H. (2012), S. 3

ternehmen bereits in 16 % der Fälle praktiziert. Darüber hinaus bieten schon 57 % der Ausbildungsbetriebe ihren Azubis Nachhilfeangebote an, um schulische Wissenslücken zu füllen.[139]

Generell ist die Maßnahme der Senkung des Anforderungsniveaus kritisch zu betrachten; stattdessen sollte schon in der Schule eine gezielte Förderung erfolgen. Der Autor vertritt hier die Auffassung, dass mit einer bloßen Absenkung der Anforderungen allein Probleme der nichtbesetzten Ausbildungsplätze kaum gelöst werden können, da in den meisten Berufen Azubis Mindestanforderungen erfüllen müssen, um sich als Fachkräfte qualifizieren lassen zu können.

Die generelle Verurteilung der gesamten Jugend und die stete Aberkennung jeglicher Qualifikationen, wie sie in Zusammenhang mit den Ergebnissen der PISA-Studie von vielen Autoren[140] vorgenommen wurde, erscheint jedoch eher als zeitloser Gemeinplatz denn als akkurate Beschreibung eines gegenwärtigen Zustandes. Schon Sokrates soll gesagt haben: „ Die Jugend von heute liebt den Luxus, hat schlechte Manieren und verachtet die Autorität. Sie widersprechen den Eltern, legen die Beine übereinander und tyrannisieren ihre Lehrer."[141] Dieses Zitat, das so treffend die Generation PISA zu charakterisieren scheint, aber schon fast 2500 Jahre alt ist, diente schon unzähligen Eltern-Generationen dazu, die nachfolgende Generation zu beschreiben.

Um dieser Verallgemeinerung von Vorurteilen entgegenzuwirken und eine gezieltere Bearbeitung des Ausbildungsmarktes zu ermöglichen, ist es unumgänglich, die Generation der aktuellen Schulabgänger genauer zu betrachten.

---

[139] Vgl. Driftmann, H. (2012), S. 2
[140] Vgl. Brucker, C. (2007), S. 5 f.
[141] Vgl. Sokrates, griech. Philosoph (470–399 v.Chr.)

3.1.3 Von der Generation X zur Generation Y

Zurzeit sind in den meisten Unternehmen bis zu drei Generationen gleichzeitig beschäftigt. Sollten Beschäftigte der Nachkriegsgeneration, welche vor 1946 geboren wurden, beschäftigt sein, so können auch bis zu vier Generationen zeitgleich vertreten sein.

	Baby Boomer	Generation X	Generation Y	iGeneration
Zeitraum	1946 – 1964	1965 – 1980	1981 – 2000	nach 2000
Internet	Vereinzelt Web 2.0-Kenntnisse, pro und contra Internet	Technisch versiert, pro Internet	Internetaffine Generation	Internet-Generation

Tabelle 4: Generationen im Überblick, Quelle: Bernauer, D. et al. (2011), S. 37

Der zweite Megatrend im Ausbildungsmarkt ist der Generationenwechsel. Nach der Generation X ist es nun die Generation Y, die aktuell ihre Abschlüsse macht oder bereits erste Berufserfahrung sammeln konnte.[142]

Die Literatur hat verschiedene Begriffe für diese Generation geprägt; so gilt sie als Nachfolgegeneration der Generation X und damit als *Generation Y* oder die ihr zugehörigen Jugendlichen werden aufgrund des Geburtsdatums zwischen 1981 und 2000 als *Millenials* bezeichnet.

Da sie die erste Generation ist, die wie selbstverständlich mit den neuen Technologien, wie Internet, Handy und Computer, aufgewachsen ist, gelten die ihr zugehörigen Jugendlichen oft auch als *Digital Natives*. Für sie gehört diese Technologie zum Alltag und so setzen sie den kontinuierlichen sowie konstanten Zugang zu elektronischer Kommunikation auch im Beruf voraus.[143]

Studien zeigen, dass nahezu 100 % von ihnen online sind.[144] Ihr Nutzerverhalten hat sich im Vergleich zu älteren Generationen stark gewandelt, so steht vor allem die Kommunikation über Neue Medien sowie die Informationsbeschaffung im Vordergrund. Der hierbei gefundene Inhalt wird nicht mehr einfach nur aufgenommen, sondern will geteilt und interaktiv mitgestaltet werden.[145]

---

[142] Vgl. Bernauer, D. et al. (2011), S. 37
[143] Vgl. Tapscott, D. (2008), S. 9 ff.; sowie Ahlers, B.; Laick, S. (2011), S. 97 ff.
[144] Vgl. Van Eimeren, B. ; Frees, B. (2011), S. 336
[145] Vgl. Parment, A. (2009), S. 16 ff.; sowie Tapscott, D. (2008), S. 149 f.

Tapscott charakterisiert die Generation Y unter Verwendung von acht Eigenschaften, welche die Arbeitswelt, wie man sie heute kennt, nachhaltig verändern werden:[146]

- Freedom:
  Digital Natives erwarten die Freiheit zu wählen, sowohl bei der Suche nach dem richtigen Arbeitsplatz als auch nach Antritt bei Arbeitszeiten und -orten.

- Customization:
  Sie kehren den Massenprodukten den Rücken und fordern, dass sich Produkte an ihre konkreten Bedürfnisse anpassen. Dies trifft im Speziellen auch auf Arbeitsplätze und -verträge zu.

- Scrutiny (Überprüfung):
  Millenials sind durch die tägliche Kommunikation mittels mehrerer Kommunikationskanäle an eine Informationsflut gewöhnt und überprüfen diese instinktiv auf Korrektheit. Um mit ihnen kommunizieren zu können, bedarf es einer ehrlichen und offenen Kommunikationspolitik.

- Integrity:
  Ehrlichkeit der Unternehmen wird vorausgesetzt. Fehler sind menschlich und werden verziehen, nicht aber Täuschung und Betrug.

- Collaboration:
  Die Kollaboration der Digital Natives geht weit über das reine Teamwork vorhergehender Generationen hinaus und wird vielmehr als eine Art der Ko-Kreation gesehen. Das beste Beispiel hierfür sind Wikis.

- Entertainment:
  Unterhalten zu werden genießt hohe Priorität sowohl in der Freizeit als auch im beruflichen Alltag. Hierdurch verschwimmen die Grenzen zwischen Arbeit und Unterhaltung zusehends.

- Speed:
  Der rasante Anstieg der Kommunikationsgeschwindigkeit mittels Breitbandnetzen und neuen Kommunikationskanälen wie Instant Messaging prägt auch die Gewohnheiten

---

[146] Vgl. Tapscott, D. (2008), S. 73 ff.

dieser Generation. Es besteht eine Erwartungshaltung, die schnelle Antworten voraussetzt.

- Innovation:
Von Kindheit an sind Digital Natives an einen Fluss immer neuer Technologien und Produkte mit immer kürzeren Lebenszyklen gewöhnt. Sie erwarten stetigen Fortschritt und den beruflichen wie privaten Einsatz der neuesten Technologien.

Die Berücksichtigung dieser acht Charakteristika der Generation Y wird für die Unternehmen bestimmte Änderungen notwendig machen. Generation Y ist die erste Generation, die privat neuere Technologien nutzen kann, als am Arbeitsplatz bereitgestellt werden, und diese Generation fordert diesbezüglich Nachbesserung.[147] Ebenso haben Menschen dieser Generation ganz neue Ansprüche an die Berufswelt: Das Ideal eines Managers vom Typ Gorden Gekko[148] mit seinem Credo „Gier ist gut" spricht sie nicht an; stattdessen nimmt vor allem die Kombination aus Lebensgenuss und Leistungsorientierung, die sog. Work-Life-Balance, einen hohen Stellenwert ein.[149] Das wird vor allem durch den gestiegenen Wunsch nach flexiblem, orts- und zeitunabhängigem Arbeiten deutlich.

Von Unternehmen erwarten sie vor allem eine offene und ehrliche Kommunikationspolitik sowie schnelle Antworten.[150] Ebenso gewinnen in ihrer Betrachtung die Unternehmenskultur und das Image wesentlich an Bedeutung, der Arbeitgebermarke kommt somit eine immer wichtigere Rolle zu.[151]

---

[147] Vgl. Windisch, E.; Medman, N. (2008), S. 36
[148] Protagonist des Oliver Stone Spielfilms „Wallstreet" von 1987
[149] Vgl. Buchhorn, E.; Werle, K. (2011); sowie Schelenz, B. (2007), S. 6; sowie Wind, D.; Imme, J. (2011), S. 25 ff.
[150] Vgl. Bernauer, D. et al. (2011), S. 36 ff.; sowie Pastowsky, M. (2011), S. 59
[151] Vgl. Parment, A. (2009), S. 26; sowie Esser, M.; Schelenz, B. (2011), S. 141

3.2 Branchenübergreifende Trends im Personalmarketing und Recruitment

Vergleicht man Befragungen von HR-Managern unterschiedlicher Unternehmen, zeigen sich deutlich verschiedene Trends auf. Aus den in Kapitel 3.1 erläuterten Gründen und deren Bedeutung für die Personalarbeit liegen seit Jahren der demografische Wandel sowie der Fachkräftemangel auf den beiden vorderen Plätzen der unternehmensübergreifenden Recruiting-Trends.[152]

Hierbei kommt vor allem dem Wettbewerb um Nachwuchskräfte, sowohl Schulabgängern als auch Hochschulabsolventen und Young Professionals mit zwei bis fünf Jahren Berufserfahrung, ein immer höherer Stellenwert zu. Zunehmend kommen die befragten HR-Manager zur Überzeugung, dass sie hier mit dem klassischen Ausbildungsmarketing an ihre Grenzen stoßen.[153]

Aus diesem Grund belegen technologische Entwicklungen immer häufiger den dritten Platz im Trendranking vieler HR-Manager.[154] Darunter fallen Trends wie Online-Bewerbungen, welche bis 2016 über die Hälfte aller Bewerbungen ausmachen sollen. Da jedoch Schulabgänger unter starkem Einfluss der Eltern und Lehrer stehen, ist im Bereich der Bewerbungen für Ausbildungsplätze der Trend zu „Papier-Bewerbungen" ungebrochen.[155]

Den größten Teil der neuen technologischen Entwicklungen machen jedoch die SoMeCo sowie die Nutzung dieser für die Personalarbeit aus. So messen ihr fast 90 %[156] der Befragten hohe und 60 % sogar strategische Bedeutung bei.[157] Diese Entwicklung zeigt sich auch im rasanten Anstieg der Nutzung von SoMe-Kanälen durch Unternehmen. Lag der Anteil der HR-Manager, die SoMe nutzen, im Jahr 2006 noch bei nahe 0 %, sind es 2011 schon knapp ein Drittel[158], und nur ein Jahr später sind fast die Hälfte aller Unternehmen im Social Web aktiv. Hierbei gibt es keinen nennenswerten Unterschied zwischen Großunternehmen und KMUs.[159]

---

[152] Vgl. Weitzel, T. et al. (2011); sowie Weitzel, T. et al. (2012); sowie LinkedIn (2011); sowie Capgemini Consulting (2011)
[153] Vgl. Knabenreich Consults (2011), S. 15
[154] Vgl. Weitzel, T. et al. (2012), S. 6; sowie LinkedIn (2011), S. 7
[155] Vgl. Weitzel, T. et al. (2012), S. 9
[156] Vgl. Capgemini Consulting (2011), S. 49
[157] Vgl. IFOK (2009), S. 11
[158] Vgl. BITKOM (2011), S. 6
[159] Vgl. BITKOM (2012), S. 6; sowie Anlage 12: Entwicklung von Corporate Social Media Auftritten in den Regionen der Erde

Der Megatrend SoMeCo lässt sich in 4 Trends untergliedern:[160]

- Das Schalten von Stellenanzeigen

  Neben den fast schon klassisch anmutenden Stellenangeboten auf der Unternehmens-Website sowie die Nutzung von Online-Stellenbörsen und Print-Anzeigen bieten soziale Netzwerke Unternehmen die Gelegenheit, ihre Stellenangebote zu platzieren. Immerhin 60 % der Unternehmen gaben an, schon einmal solch eine Stellenanzeige aufgegeben zu haben, und fast 15 % nutzen dies regelmäßig.
  Hier dominieren vor allem die Netzwerke Xing und Facebook.[161]

- Background Checking

  Liegen Unternehmen bereits Bewerbungen vor, können die Netzwerke der Überprüfung der Biographie sowie der Suche nach zusätzlichen Informationen entsprechender Kandidaten dienen. So ergibt sich für die Personalverantwortlichen die Möglichkeit, sich ein ganzheitliches Bild eines Bewerbers zu schaffen.[162]
  Immerhin 60 % der befragten Unternehmen beschaffen sich so zumindest gelegentlich Informationen über potentielle Mitarbeiter,[163] über ein Viertel betreibt Background Checking sogar regelmäßig als Teil des Recruiting-Prozesses.[164]

- Aktive Kandidatensuche

  Trotz der großen Popularität der Social Networks waren es in der Vergangenheit fast ausschließlich Headhunter sowie Angestellte von Personaldienstleistern, die unter dem Begriff des Social Community Sourcing die Social-Media-Netzwerke zur aktiven Kandidatenidentifikation nutzten.[165]
  Aufgrund der gestiegenen Herausforderungen in der adäquaten Personalbeschaffung erweitern aber auch immer mehr Unternehmen ihre Recruiting-Strategien in diesem Bereich. So dienen SoMe-Kanäle 44 % der Betriebe zur Erweiterung ihrer Recruiting-Netzwerke.[166]

---

[160] Vgl. LinkedIn (2011), S. 12
[161] Vgl. Weitzel, T. et al. (2012), S. 8 f.
[162] Vgl. Bernauer, D. et al. (2011), S. 171
[163] Vgl. IFOK (2009), S. 9; sowie Bernauer, D. et al. (2011), S. 26
[164] Vgl. Beck, C. (2008), S. 60
[165] Vgl. Steinhart, C. (2012)
[166] Vgl. Weitzel, T. et al. (2012), S. 6

- Employer Branding

    Den weitaus gewichtigsten Beweggrund für die Teilnahme an SoMe sehen die HR-Manager in der Schaffung und Profilierung einer Arbeitgebermarke sowie eines positiven Arbeitgeber-Images.[167] Die zielgruppenadäquate Arbeitgeberkommunikation ist bereits heute für die meisten HR-Manager ein wichtiger Bestandteil des Personalmarketings und sie erwarten, dass die Bedeutung in den nächsten Jahren noch weiter zunehmen wird.[168]

3.3 Personalmarketing- & Recruitment-Trends in der Logistik

Vergleicht man die Schlagzeilen der branchenspezifischen Zeitungen und Zeitschriften, lässt sich die Richtung erkennen, in welche das PM in der Logistik tendiert. „Logistiker befürchten Fachkräftemangel"[169], „Unternehmen buhlen um die besten Azubis"[170], „Fachkräftemangel in der Logistik erst am Anfang"[171] sind nur einige Beispiele des Grundtenors dieser Meldungen.

Dem branchenübergreifenden Trend folgend, stehen auch bei den HR-Managern der Speditions- und Logistikbranche der demografische Wandel und die Fachkräftesicherung durch Ausbildung weit vor anderen Themen auf den ersten beiden Plätzen der Prioritätenliste.

Dabei ist es um die Arbeitgeber der Branche weitaus besser bestellt, als es diese Meldungen vermuten lassen. So sehen fast 90 % der Unternehmen die Logistikbranche als vielversprechende Wachstumsbranche an. Darüber hinaus ergreifen sie eine Vielzahl von Maßnahmen zur Gewinnung von Mitarbeitern und Nachwuchskräften. So ermöglichen über 70 % der Betriebe ihren Arbeitnehmern Karriere- und Weiterentwicklungsmöglichkeiten und immerhin 60 % sind an der Work-Life-Balance orientiert und bieten beispielsweise flexiblere Arbeitszeiten. Ebenso sind in 80 % der Unternehmen die Gehälter innerhalb der letzten fünf Jahre gestiegen. Die Bemühungen der Arbeitgeber zeigen sich vor allem in der geringen Fluktuationsquote, die in 83 % der Unternehmen bei unter 4 % liegt.[172]

Und dennoch stellt die Nachwuchsgewinnung in den kommenden Jahren eine zunehmende Herausforderung für die Speditions- und Logistikunternehmen in Deutschland dar. Verschärft wird der Fachkräftemangel durch den demografischen Wandel, der die Branche stark betrifft. So

---

[167] Vgl. IFOK (2009), S. 11
[168] Vgl. Kienbaum (2011), S. 13 f.; sowie Esser, M.; Schelenz, B. (2011), S. 153 ff.
[169] Vgl. Verkehrsrundschau (2012a)
[170] Vgl. Pöhling, A. (2011)
[171] Vgl. LOG.M@il (2012)
[172] Vgl. Bundesvereinigung Logistik (BVL) e.V. (2012), S. 4 ff.; sowie Anlage 13: Auszüge aus der BVL Arbeitgeberumfrage 2012

wird in den kommenden zehn Jahren rund die Hälfte der Berufskraftfahrer in den Ruhestand treten – nicht ansatzweise lässt sich diese Anzahl mit aktuellen Azubis decken.[173]

Während ein Drittel der Unternehmen Probleme hat, offene Stellen mit Hochschulabsolventen zu besetzen, beklagt inzwischen auch jeder fünfte Betrieb das Fehlen von Fachkräften mit kaufmännischer Ausbildung oder in der physischen Logistik.[174]

Das immer weniger Logistikunternehmen Azubis in genügender Anzahl gewinnen können, liegt vor allem an drei Gründen:[175]

- dem demografischen Wandel.

- der mangelnden Ausbildungsreife vieler Schulabgänger.

- merklichem Desinteresse an der Speditions- & Logistikbranche.

Die ersten beiden Gründe wurden, da sie alle Branchen gleichermaßen betreffen, in diesem Buch schon behandelt.

Anders verhält es sich mit dem mangelnden Interesse an der Speditions- & Logistikbranche der potentiellen Azubis. Obwohl deutschlandweit 348 verschiedene Ausbildungsberufe existieren, bewerben sich 75 % der Schulabgänger nur auf 44 dieser Berufe. Ausschließlich die Fachkraft für Lagerlogistik liegt in der Beliebtheit der Schüler auf einem Platz in den Top 10.[176]

Die größte Herausforderung, vor der die Unternehmen der Transport- und Logistikbranche stehen, ist das oftmals noch negative Image der Branche. In der Wahrnehmung vieler Schulabgänger stehen Logistikunternehmen noch immer für düstere Speditionshöfe, unattraktive Arbeitszeiten und vor allem für geringe Bezahlung.[177]

Thomas Schulz, Leiter Corporate Human Resources der DACHSER, konstatiert, dass das geringe Interesse der jungen Zielgruppe an der Logistik vor allem daran liege, dass es den Unternehmen noch immer nicht gelinge, die Vielfalt der speditionellen Tätigkeiten und im Besonderen auch die internationalen Karrieremöglichkeiten nach außen aufzuzeigen.

Laut einer aktuellen Befragung von Unternehmen der Branche aus 28 Ländern sehen 35 % der Befragten hohe bis sehr hohe Nachteile im branchenübergreifenden Wettbewerb um Nach-

---

[173] Vgl. LOG.Letter (2011)
[174] Vgl. Verkehrsrundschau (2012b)
[175] Vgl. Liedtke, W. (2011)
[176] Vgl. Knabenreich Consults (2011), S. 7 ff.;sowie Anlage 10: Datenreport zum Berufsbildungsbericht 2011

wuchskräfte. Hieraus resultiert die Erkenntnis, dass nur Unternehmen, die ihre Employer Brand aktiv weiterentwickeln, auch nach 2030 im Markt noch erfolgreich sind.[178]

Bei der Bildung einer positiven Arbeitgeber-Marke liegt die besondere Herausforderung der Transport- & Logistikbranche darin, dass sie keine bekannten Business-to-Consumer-(B2C-)Produkte als Bekanntheitstreiber einsetzen können. Ohne diesen als „Porsche-Effekt" bezeichneten Vorteil haben es Unternehmen der Logistikbranche oft schwer, ihre Produkte für das Employer Branding zu nutzen. Dies liegt vor allem daran, dass die meisten Speditionen und Dienstleister reine Business-to-Business-(B2B-)Unternehmen sind, deren Produkte dem Verbraucher weitestgehend unbekannt sind.[179] Dass trotz immaterieller und eher unbekannter Produkte dennoch vordere Plätze in Arbeitgeber-Rankings möglich sind, zeigen vor allem Unternehmensberatungen.[180]

Um das Image der Logistikbranche zu fördern und besonders junge Menschen für den Berufseinstieg zu begeistern, gehen viele Unternehmen neue Wege des PMs. So will zum Beispiel jedes dritte Unternehmen in Baden-Württemberg und Bayern seine Betreuungsangebote für Kinder ausweiten.[181] Im AM sollen vor allem neue Ausbildungsmodelle die Attraktivität der Speditionen steigern. So bieten schon heute mit steigender Tendenz eine Vielzahl der Unternehmen Duale Studiengänge an oder haben Kooperationen mit anderen Bildungseinrichtungen wie dem Berufskolleg.[182] Durch diese Kooperation erhalten die Azubis neben dem Abschluss zur/zum Kauffrau/-mann für Speditions- und Logistikdienstleistungen auch die Fachhochschulreife.

Vielen Schulabgängern ist die Bandbreite der Ausbildungsberufe in der Logistik nicht bekannt.[183] Um dieser Unkenntnis der Ausbildungsberufe, aber auch der Branche an sich entgegenzuwirken, betreiben viele Betriebe in Kooperationen auch generelle Aufklärungskampagnen zu Logistikberufen, so zum Beispiel die Logistik-Initiative Hamburg, bestehend aus 300 Logistik- und Speditionsunternehmen der Hansestadt.[184]

---

[177] Vgl. Kruse, S. (2012)
[178] Vgl. PricewaterhouseCoopers – PwC (2012), S. 14 ff.; sowie Anlage 14: Länderübergreifender Vergleich der Gehälter im Speditionsgewerbe
[179] Vgl. Schelenz, B. (2007), S. 15; sowie Fink, S.; Kederer, J. (2008), S. 193
[180] Vgl. WirtschaftsWoche (2012a); sowie Andratschke; Regier; Huber (2009), S. 12
[181] Vgl. DIHK (2012), S. 22 f.; sowie Verkehrsrundschau (2012a)
[182] Vgl. Liedtke, W. (2011)
[183] Vgl. Pöhling, A. (2011); sowie LOG.Letter (2011), S. 2
[184] Vgl. LogIni HH (2012); sowie Liedtke, W. (2011)

Eine der größten Kampagnen zum Image der Logistik als Ausbildungsberuf ist die Initiative „Hallo Zukunft", die nicht nur Berufe vorstellt, sondern sie auch durch aktuelle Blog-Beiträge von Azubis erlebbar macht.[185]

Erst spät hat die Thematik der SoMeCo in das Transport- und Logistikgewerbe Einzug gehalten. Dass sie diese erreicht hat, ergab eine repräsentative Studie der Deutschen Außenhandels- und Verkehrsakademie (DAV) Bremen unter Leitung von Simmet.[186] So stufen zwei Drittel der Logistik-Unternehmen die Integration von SoMeCo als wichtig ein.

Doch wie die folgende Abbildung verdeutlicht, dient die SoMe-Nutzung fast ausschließlich der Werbung, Netzwerkbildung und Kundenbindung. Das immense Potential im Bereich des PM und Recruitings erfährt nur nachrangige Beachtung.[187] Jedoch sehen fast alle Befragten hier den größten Nachholbedarf und die Hälfte der Unternehmen plant die zukünftige Nutzung von SoMeCo im Personal- und Azubimarketing.

Abbildung 15: Einsatz von Social Media in Logistik-Unternehmen, Quelle: Simmet (2011), S. 7

Neben der neu aufkommenden SoMeCo sowie verschiedenen Ausbildungsformen setzen die meisten Speditionen, hierunter v. a. KMU, nach wie vor auf klassische Recruiting-Kanäle. Darunter wurde am häufigsten die Print-Anzeige mit 76 % (Onlinestellenbörsen lediglich 52 %), das Kooperieren mit Schulen (68 %) sowie die aktive Teilnahme an Jobmessen (60 %) ge-

---

[185] Vgl. Hallo Zukunft! (2012)
[186] Vgl. Simmet, H. (2011), S. 3 ff.
[187] Vgl. Simmet, H.; Peters, L. (2012); sowie BITKOM (2012), S. 12

nannt.[188] Besonders der geringe Einsatz von Onlinestellenbörsen ist kritisch zu betrachten, suchen doch bereits 85 % der zukünftigen Azubis online nach geeigneten Ausbildungsplätzen[189], 35 % verzichten sogar gänzlich auf das Lesen von Print-Anzeigen.[190]

3.4 Rahmenbedingungen & aktuelle Situation der DACHSER GmbH & Co. KG

3.4.1 Die Personalstrategie der DACHSER GmbH & Co. KG

Der Logistikdienstleister DACHSER, Deutschlands größte familiengeführte Spedition, lebt ein gemeinsames Verständnis der Logistik-Welt, der Art und Weise wie Geschäfte betrieben werden und des Umgangs miteinander.

Dieses Leitbild durchzieht alle Bereich des Unternehmens und bildet die Grundlage strategischer Entscheidungen. Im Rahmen des Employer Brandings wird das Leitbild unter dem Namen „DACHSER-DNA" seit 2010 als Buch an alle Mitarbeiter ausgegeben.

Dieses Leitbild misst dem Personal eine übergeordnete Bedeutung bei, da die Mitarbeiter als erfolgsentscheidender Faktor im globalen Wettbewerb wahrgenommen werden. So bilden die Förderung der Kreativität und der unternehmerischen Mitverantwortung die zentralen Anliegen der DACHSER-DNA. Das Ziel der Gestaltung intelligenter Logistik wird erreicht durch das Verständnis der Mitarbeiter als Mitunternehmer und nicht als reine Angestellte.[191]

Die strategische Bedeutung des Faktors Personal zeigt sich auch in der Entwicklung der Anzahl der Beschäftigten in den letzten Jahren sowie der geplanten Entwicklung bis 2015. Denn selbst in der Krise verzichtete DACHSER gänzlich auf Kündigungen sowie Kurzarbeit und erhöhte schon ein Jahr später die Anzahl der Beschäftigten weltweit um 1.750 Mitarbeiter.[192]

Langfristiges Wachstum ist immer mit der Schaffung neuer Stellen verbunden und so steht bis zum Jahr 2015 allein in der Sparte der See- und Luftfracht bei DACHSER nahezu eine Verdopplung der aktuellen Mitarbeiterzahl auf 5.000 Beschäftigte bevor.[193]

---

[188] Vgl. Verkehrsrundschau (2012b)
[189] Vgl. Knabenreich Consulting (2011), S. 19
[190] Vgl. Van Eimeren, B.; Frees, B. (2011), S. 343 f.
[191] Vgl. DACHSER (2010)
[192] Vgl. Fasse, M. (2010)
[193] Vgl. Schlautmann, C. (2012)

3.4.2 Trends im Azubi-Recruiting

Das deutschlandweit dichte Netz an Niederlassungen stellt DACHSER vor viele regionale Herausforderungen. Gleichzeitig stellt das verzweigte Standortgeflecht von Stavenhagen im Ostseeraum bis Freiburg im Breisgau und von Bremen und Alsdorf im Norden und Westen bis Radeburg und München im Osten und Süden einen Indikator für die Personalentwicklung in allen Teilen der Republik.

Obwohl sich die Branchentrends in weiten Teilen auch in den Niederlassungen bestätigen, bestehen auch diverse Abweichungen zum Gesamttrend.

Befragungen der HR-Manager der verschiedenen Niederlassungen ergaben in Übereinstimmung mit Branchenbefragungen[194], dass in Ost wie West hauptsächlich Probleme in der Anwerbung von Azubis zum Berufskraftfahrer sowie zum Fachlageristen bestehen. Gründe hierfür sind zum einen der geringe Eingang an Bewerbungen auf eine der beiden genannten Ausbildungsberufe, zum anderen aber auch der hohe Anteil an unqualifizierten Bewerbern.[195]

Der Branchentrend in Bezug auf Mangel an Interessenten für die Ausbildung zu Kaufleuten für Speditions- und Logistikdienstleistungen kann deutschlandweit nicht geteilt werden. Es werden zwar vereinzelt Ausbildungsplätze nicht besetzt, dies liegt jedoch häufig an kurzfristigen Absagen von Seiten der Bewerber und nicht an mangelnden oder unqualifizierten Bewerbungen.[196] Auf Grund des hohen Zuspruchs von Bewerbern geht hier der Trend zu Abiturienten sowie Schulabgängern mit Fachhochschulreife. Dies liegt häufig an der gewünschten Fremdsprachenkenntnis und an der für speditionelle Dienstleistungen nötigen Allgemeinbildung.[197] Der generelle Trend, die Schule mit Abitur oder Fachhochschulreife abzuschließen, erhöht darüber hinaus die Anzahl der Azubis mit höheren schulischen Abschlüssen.

Die angebotenen Ausbildungsplätze des dualen Studiums in Zusammenarbeit mit der Dualen Hochschule Baden-Württemberg (DHBW) sowie Hochschulen und Berufsakademien in Glauchau und Berlin werden zu nahezu 100 % besetzt. Ebenso können die vor allem in Kempten ausgeschriebenen Stellen für Hochschulabsolventen mit qualifizierten Bewerbern aus dem ganzen Bundesgebiet besetzt werden.[198]

---

[194] Vgl. DIHK (2011), S. 19 f.; sowie Bundesvereinigung Logistik (BVL) e.V. (2012), S. 9
[195] Vgl. DACHSER (2012a)
[196] Vgl. DACHSER (2012c)
[197] Vgl. DACHSER (2012b)
[198] Vgl. DACHSER (2012a)

3.4.3 Aktuelle Maßnahmen des Auszubildenden-Recruitings

Dass die Vielzahl der angebotenen Ausbildungs- sowie Berufseinstiegsplätze zeitnah und adäquat besetzt werden kann, liegt zu weiten Teilen am vorhandenen Personal-, Hochschul- und Azubimarketing.

Neben den klassischen Kommunikationskanälen, der Unternehmens-Karriere-Website und Anzeigen in Print und Online-Stellenbörsen verfolgt DACHSER hier einen breit gefächerten Marketing-Mix. Hierunter fallen die aktive Teilnahme an Fach- und Jobmessen sowie die Mitgestaltung von Azubi-Tagen. Ein aktuelles Beispiel für diese Form des AMs ist der deutschlandweite Tag der Logistik der Bundesvereinigung Logistik (BVL) e. V.[199], an welchem sich auch DACHSER aktiv um die Vorstellung der Ausbildungsberufe bemühte, oder aber der Cargo Job Day[200] der IHK Hochrhein-Bodensee, welcher auf dem Firmengelände der DACHSER-Niederlassung Steißlingen von verschiedenen Unternehmen genutzt wurde, um ihre Ausbildungsangebote zu präsentieren.

Von besonderer Bedeutung für alle Niederlassungen sind die Kooperationen mit Schulen zur Vermarktung der Ausbildungsberufe sowie zur Stärkung des Images des Speditions- und Transportgewerbes an sich. Gleichermaßen dient die Bereitstellung von Praktikumsplätzen dazu, das Interesse der Schüler an einer Ausbildung in der Logistik- und Speditionsbranche zu wecken. Darüber hinaus werden diese Praktikumsplätze auch erfolgreichen Bewerbern, als wesentlicher Bestandteil des Recruitingprozesses, vermittelt. Hierdurch erfährt der künftige Azubi schon hautnah das Speditionsleben und hat die Möglichkeit, mit zukünftigen Kollegen in Kontakt zu kommen.[201]

Für DACHSER sind die Vorteile dieses Praktikums ungleich größer. Nicht nur werden zukünftige Azubis schon vor Beginn der Ausbildung an Arbeitsabläufe gewöhnt und eventuell auftretende Defizite frühzeitig erkannt, damit schulische Maßnahmen ab dem ersten Ausbildungstag ergriffen werden können. Die zukünftigen Azubis halten darüber hinaus auch stetigen Kontakt zum Ausbildungsunternehmen, wodurch die Quote derer, die die Ausbildung trotz Vertragsabschluss nicht antreten, deutlich sinkt.

Ein weiterer wichtiger Bestandteil des Maßnahmen-Katalogs ist das Hochschulmarketing. Hierzu zählen neben Auftritten auf fakultätsspezifischen Hochschulmessen und dem Bereitstellen von qualifizierenden Praktika und Stellen zur Erstellung einer Abschlussarbeit vor allem der in

---

[199] Vgl. Wöhrle, T. (2012)
[200] Vgl. Trautmann, G. (2012)
[201] Vgl. DACHSER (2012a)

der Fachwelt bekannte Studentenwettbewerb Logistik Masters[202], welcher in Zusammenarbeit mit der Verkehrsrundschau von DACHSER ausgerichtet wird. Den besten Absolventen des auf ein halbes Jahr angelegten Tests erwarten neben einem Preisgeld eine Einladung zum Karrieretag in die DACHSER-Zentrale nach Kempten sowie eine Preisverleihung durch den Vorsitzenden der Geschäftsführung.[203]

Obwohl der Maßnahmen-Katalog durch das DACHSER-Leitbild begrenzt wird genießen die einzelnen Niederlassungen weitest gehende Freiheit in der Gestaltung des AMs, um somit jeweilige regionale Standortfaktoren bestmöglich einsetzen zu können.[204]

3.4.4 Bereits vorhandene Schnittstellen zu Social Media

Obwohl DACHSER einen breiten Mix an Maßnahmen im AM hat, wird die Kommunikation mit der Zielgruppe über die SoMe-Kanäle zurzeit noch vermieden. Weite Teile der Geschäftsleitung vertreten eine beobachtende Haltung gegenüber dieser Kommunikationsform.

Dass diese Haltung vielmehr ein theoretischer Standpunkt ist, als dass sie praktisch umsetzbar wäre, zeigen folgende Beispiele. Denn DACHSER ist schon mitten im Social Web…

3.4.4.1   Xing & LinkedIn

Da das Business-Netzwerk Xing hauptsächlich der beruflichen Kontaktpflege dient, ist es gängige Praxis, sich mit dem Namen seines Arbeitgebers anzumelden. Darüber hinaus führen viele User hier einen Online-Lebenslauf, der auch vorangegangene Stationen im Arbeitsleben enthält.

So können User, auch ohne dass DACHSER auf dieser Plattform aktiv ist, zurzeit mit 2.933 aktuellen und ehemaligen Arbeitnehmern in Kontakt treten und Erfahrungen austauschen. Darüber hinaus haben sich 14 Unternehmensseiten entwickelt, die größte von ihnen mit fast 800 Mitgliedern.

Im internationaleren LinkedIn kann man derzeit mit 2.089 DACHSER-Mitarbeitern (oder Ehemaligen) aus der ganzen Welt in Kontakt treten oder einer der sechs DACHSER-Gruppen beitreten; hier hat die größte Gruppe über 1.400 Follower.

---

[202] Vgl. Verkehrsrundschau (2012c)
[203] Vgl. DACHSER (2012d)
[204] Vgl. DACHSER (2012c)

3.4.4.2 Kununu

Das Arbeitgeberbewertungsportal kununu listet die DACHSER zurzeit mit einem Ergebnis von 2,6 Punkten auf einer Skala von 1 - 5 (mangelhaft bis sehr gut), was eine Bewertung zwischen genügend und befriedigend bedeutet. Hinzu kommen insgesamt 51 Bewertungen zu verschiedenen Niederlassungen, die meist recht verhalten bis hochgradig negativ sind.

Bei fast 20.000 Mitarbeitern ist die Zahl 51 geradezu verschwindend gering; zieht man ehemalige Mitarbeiter und nicht aufgenommene Bewerber ab, so bleiben vielleicht nicht einmal 25 Bewertungen aktueller Mitarbeiter übrig.

Die entscheidende Größe hier sind allerdings nicht die 51 Bewerter, sondern die 45.000 User, die diese Bewertung bereits abgerufen haben und sich so ein Bild des Unternehmens gemacht haben.

3.4.4.3 Facebook

Facebook ist im Gegensatz zu Xing oder LinkedIn ein eher auf private Nutzung ausgerichtetes Netzwerk. Dennoch geben auch hier die meisten Mitglieder ihren aktuellen Arbeitgeber an. Es lässt sich zwar im Gegensatz zu den Business-Netzwerken nicht die genaue Nutzerzahl ermitteln, dennoch lassen Studien zur weltweiten Facebook-Nutzung auf einige Tausend aktive So-Me-User unter den DACHSER-Mitarbeitern schließen.

Verstärkt wird diese Annahme durch die Tatsache, dass allein die beiden größten, privat betriebenen, DACHSER-Fan-Seiten über 2.000 Fans haben.

Ohne dass genaue Zahlen verfügbar wären, zeichnet sich ein weiterer Trend ab. Vermehrt melden sich zukünftige Azubis und Mitarbeiter, aber auch potentielle Bewerber bei einzelnen, über Facebook identifizierten DACHSER-Mitarbeitern und erkundigen sich über den zukünftigen Arbeitgeber.[205]

Dies reicht von allgemeinen Fragen zum Betriebsklima, dem Ausbildungsinhalt und dem Ablauf des Bewerbungsprozesses bis hin zu Fragen nach der Anzahl der Urlaubstage oder der Chance, übernommen zu werden.

---

[205] Vgl. DACHSER (2012e)

Hier sowie in den beiden vorangegangen Beispielen werden gegenwärtige Azubis und Mitarbeiter zu Markenbotschaftern und DACHSER gewollt oder ungewollt zu einem Teil der SoMe-Community.

Um es mit den Worten von Erik Qualman zu sagen: „We don't have a choice on whether we do social media, the question is how well we do it."[206]

---

[206] Vgl. Qualman, E. (2009), S. 3

4 Social Media Communication als Teil der Recruitingstrategie

4.1 Social Media Communication als Bestandteil der Unternehmensphilosophie

Die Anzahl der Facebook-Unternehmensseiten steigt mit jedem Tag weiter an. Auch bei Twitter ist eine Umkehr des Trends noch lange nicht in Sicht.

Doch eine Vielzahl der Unternehmen startet seine Social-Web-Aktivitäten nur aus einem Grund: Sie erliegen dem Drang, dass *es* jetzt alle machen. So haben drei Viertel der im Web 2.0 aktiven Firmen weder eine geregelte Zuständigkeit noch Strategien in diesem Bereich.[207] Dieses unstrukturierte Vorgehen führt oft zu einem mangelhaften Social-Web-Auftritt und auf beiden Seiten, sowohl der der künftigen Bewerber als auch der des Unternehmens, schnell zur Ernüchterung und Frustration.

Der Einstieg in die SoMe-Welt sollte gut geplant sein, denn für den erfolgreichen Einsatz von SoMe im AM sind in der Hauptsache im Unternehmen notwendige Strukturen verantwortlich. Die Möglichkeit, mit dem Social Web einen echten Mehrwert für die Zielgruppe zu erzielen, besteht erst, wenn sich im Unternehmen die Denkweise und Kultur der Mitarbeiter entsprechend entwickelt haben.[208]

---

[207] Vgl. IFOK (2009), S. 11
[208] Vgl. Wolber, H. (2012), S. 21 ff.

Ein wichtiger Bestandteil des Web 2.0 ist Transparenz und das Teilen von Wissen und Informationen jeglicher Art. Häufig ist dieses Teilen in Unternehmenskulturen noch ungewohnt. Oft gilt Wissen als der Inbegriff der Macht und somit das Teilen von Wissen als Verlust derselben. Hier sind Maßnahmen des Managements gefordert, um die Bereitschaft zur Informationsteilung zu fördern.[209]

Des Weiteren gilt es, die Kommunikation im Unternehmen an die Gepflogenheiten des Web 2.0 anzupassen. Die Adressaten des Web-Auftritts erwarten eine schnelle, offene und ehrliche Kommunikation von den Unternehmen. Dieses Bedürfnis zu befriedigen, gelingt nur durch die Implementierung einer unternehmensweiten SoMe-Strategie, in der Zuständigkeiten klar geregelt sind und in die alle wesentlichen Abteilungen einbezogen werden. Teil dieser Strategie muss eine SoMe-Policy sein, die alle Mitarbeiter schon mit Beginn des Arbeitsverhältnisses für dieses Thema sensibilisiert und ihnen Richtlinien für den Umgang mit dem Social Web als DACHSER-Mitarbeiter aufzeigt.[210]

Nur durch die Berücksichtigung der Prinzipien des Web 2.0[211] in der Unternehmensphilosophie gelingt dem Unternehmen der authentische Auftritt im SoMe und die damit gewollte positive Gestaltung der Employer Brand.

4.2 Einsatzmöglichkeiten im Auszubildenden-Recruiting

4.2.1 Corporate Blogs in der Form eines Azubi-Blogs

Aktuell werden von 11 % der Unternehmen in der Logistikbranche Blogs betrieben. Nicht einmal jeder Zehnte dieser Corporate Blogs dient exklusiv dem PM oder Recruitment.[212]

Darüber hinaus zeichnet sich seit einigen Jahren in der Szene der Blogleser und -autoren ein starker Trend weg vom Blog hin zu Facebook ab. Dass es dennoch sehr erfolgreiche Beispiele des PM-Blogs und vor allem des Azubi-Blogs gibt, zeigt das noch immer starke Interesse der Zielgruppe an diesen Kommunikationskanälen.[213]

---

[209] Vgl. Bernauer, D. et al. (2011), S. 18
[210] Vgl. Anlage 15: Social Media Guidelines der DACHSER GmbH & Co. KG
[211] Vgl. Kap. 2.3.2
[212] Vgl. Simmet, H. (2011), S. 6
[213] Vgl. Knabenreich Consults (2011), S. 41; sowie Busemann, K.; Gscheidele, C. (2011), S. 362

Der Grund für das Interesse an diesem Medium bei Unternehmen, Azubis und potentiellen Bewerbern liegt in seiner Einfachheit. So ist es heute möglich, einen Corporate Blog ohne Programmierungskenntnisse einzurichten, zu betreiben und daran teilzuhaben.[214]

Der Blog wird am interessantesten, wenn er „von Azubis für Azubis" gestaltet wird. Durch die persönliche Sichtweise und vor allem durch den Schreibstil der Azubis hebt sich der Azubi-Blog von den makellosen PR- und Marketing-Blogs sowie den Websites ab. Dies verschafft dem Blog eine bei Weitem höhere Glaubwürdigkeit.[215]

Inhalte sollten vor allem sein:

- Erfahrungsberichte aus erster Hand
- Einladungen und Berichte zu Events
- angebotene Lehrstellen
- Tipps zu Bewerbungen und dem Bewerbungsprozess

Für Unternehmen bestehen die Vorteile eines Azubi-Blogs vor allem in der hohen Reichweite, die durch eine suchmaschinenoptimierte Struktur des Blogs sichergestellt werden kann, sowie in der Chance, ein direktes und ungefiltertes Feedback der Zielgruppe zu erhalten. Darüber hinaus ist die Wirkung eines Azubi-Blogs auf die bereits beschäftigten Azubis nicht zu verkennen. Durch ihren Einsatz als Markenbotschafter des Unternehmens lernen sie schon früh Verantwortung zu übernehmen und im Team zusammenzuarbeiten.[216]

Technisch lassen sich diese Blogs in zwei Formen unterscheiden:

4.2.1.1 Hoster

Hoster oder auch fremd gehostete Blogs sind vorgefertigte Blogs, die von Dienstleistern in verschiedenen Layouts angeboten werden. Einer der größten Anbieter in diesem Markt ist Blogger.com[217], oft auch unter dem Namen Blogspot bekannt, welcher seit 2002 zur Google-Unternehmensgruppe gehört.

---

[214] Vgl. Alby, T. (2008), S. 21 f.
[215] Vgl. Bernauer, D. et al. (2011), S. 64 ff.
[216] Vgl. Knabenreich Consults (2011), S. 68 ff.; sowie Grabs, A.; Bannour, K. (2011), S. 127
[217] Vgl. Blogger (2012a)

Die wesentlichen Vorteile eines fremdgehosteten Azubi-Blogs liegen in seiner simplen Handhabung sowie der schnellen Bereitstellung. Des Weiteren fallen bei den meisten Dienstleistern weder Betriebs- noch Traffic-Kosten an. Einer der wohl größten Vorteile liegt beim Anbieter des Blogs selbst. Denn große Anbieter wie Blogger.com verfügen über eine große bereits bestehende Community an Blogautoren und -lesern. Durch diese vorhandene Vernetzung ist die Verlinkung mit Blogs im gleichen Themengebiet möglich. Dies führt zur schnelleren Bekanntheit und zu größerer Suchmaschinenrelevanz.[218]

Die Nachteile des fremdgehosteten Blogs sind vor allem die fehlende Eigenständigkeit. Dies wird schon in der Webadresse des Blogs deutlich; diese würde beispielsweise www.dachser.blogspot.com heißen. Außerdem ist die Designauswahl trotz ihrer Vielfältigkeit beschränkt und Corporate Designs sind nicht möglich. Während die fehlende professionelle Oberfläche einem Azubi-Blog verziehen wird und darüber hinaus die Authentizität verstärken kann, ist die Verwaltung des Blog-Inhalts ein weitaus kritischerer Punkt. Durch den Fremdhost werden alle Inhalte auf Fremdservern gespeichert. Im schlimmsten Falle, der Insolvenz des Anbieters, gehen so alle Daten verloren.[219]

4.2.1.2 Stand-alone-Systeme

Bei sog. Stand-alone-Systemen, den Gegenstücken zum Hoster, wird die Blog-Software auf unternehmenseigene Server gespielt und von dort betrieben. Das häufigste Programm, das hier Anwendung findet, ist das kostenfreie Wordpress.org.[220]

Die Vorteile des Stand-alone-Systems liegen vor allem in der größtmöglichen Gestaltungsfreiheit sowie Eigenständigkeit des Azubi-Blogs. Das Design lässt sich problemlos an die Corporate Identity anpassen und in die eigene Unternehmens-Website integrieren. Da alle Daten im Unternehmen behalten werden, wird das Risiko des Verlusts stark gemindert.[221]

Die Nachteile liegen hier im höheren Einrichtungsaufwand und dem benötigten Know-how zum Betrieb des Blogs. Die in diesem Modell vom Unternehmen zu tragenden Traffic-Kosten fallen, entgegen weitläufiger Meinung der Literatur[222], kaum ins Gewicht, da vor allem bei größeren Unternehmen die benötigte IT-Struktur schon vorhanden ist.[223]

---

[218] Vgl. Huber, M. (2010), S. 36
[219] Vgl. Grabs, A.; Bannour, K. (2011), S. 146
[220] Vgl. Wordpress (2012)
[221] Vgl. Alby, T. (2008), S. 22
[222] Vgl. Huber, M. (2010), S. 36 f.; sowie Weinberg, T. (2009), S. 107 ff.
[223] Vgl. Grabs, A.; Bannour, K. (2011), S. 146 f.

Einen guten Kompromiss zwischen diesen beiden technischen Formen des Blogs bieten entgeltliche Services wie Premium-Pakete; diese werden für einen einstelligen Euro-Betrag im Monat von Anbietern wie Blogger.com[224] bereitgestellt. Sie bieten sämtliche Vorteile des Hosters und erweitern diese um Zusatzfunktionen. Vor allem die Option, ein eigenes Layout zu hinterlegen, das dem Branding des Unternehmens entspricht, sowie der Bereitstellung von ausreichendem Datentransfervolumen machen diesen Kompromiss interessant.[225] Eine Besonderheit ist der Erhalt einer eigenen Domain; in diesem Fall könnte der Blog beispielsweise www.dachser-azubi.com ohne den Zusatz blogspot.com heißen. Zusätzlich verhindert dieses Modell, dass der Hoster willkürlich Werbebanner vermarkten kann. So kann Werbung von Wettbewerbern ausgeschlossen oder ausschließlich solche von Partnern geschaltet werden.

Diese Premium Services bieten den optimalen Einstieg in einen Azubi-Blog, der dann bei Gefallen ohne Probleme auf den eigenen Server übertragen werden kann.

4.2.2 Facebook

Das weltweit größte Social Network verändert sich. War es noch bis vor wenigen Jahren ein rein privat genutztes Netzwerk zur Pflege von Kontakten, wandelt es sich immer weiter zu einer hybriden Informationsplattform, auf welcher sich private und geschäftliche Kontakte zusehends vermengen.[226]

Wurde Facebook als SoMe-Tool von Unternehmen zu Beginn der Trendwende noch fast ausschließlich zu Marketingzwecken genutzt, rückt es nun auch immer weiter in den Fokus von HR-Managern. Für sie stehen verstärkt der Ausbau der Arbeitgeber-Bekanntheit sowie eine erfolgreiche Personalauswahl im Vordergrund.

Dieser Verständniswandel von Facebook lässt sich auch in der folgenden Abbildung 16 erkennen. Hier wird der stete Anstieg der beruflichen Nutzung von Facebook verdeutlicht.

---

[224] Vgl. Blogger (2012b)
[225] Vgl. Huber, M. (2010), S. 37
[226] Vgl. BITKOM (2011), S. 12; sowie Kuster, T.; Schablitzki, M. (2012), S. 43f.; sowie Huber, M. (2010), S. 123

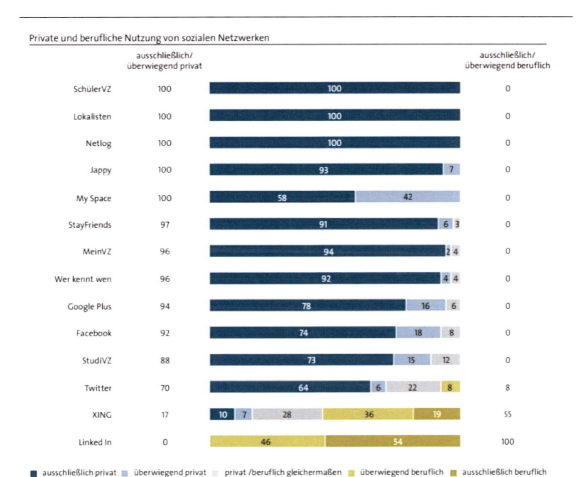

Abbildung 16: Berufliche wie private Nutzung diverser Social Networks, Quelle: BITKOM (2011), S. 12

Nur durch die zielgruppenadäquate und zeitgemäße Nutzung der Medien kann die Präferenzbildung der zukünftigen Azubis zu Gunsten des Unternehmens beeinflusst werden. Es ist also unerlässlich, dass die für die Zielgruppe relevanten Medien in derselben Form und Intensität genutzt werden. Wenn nun 67 % der 14 bis 19-Jährigen[227], also genau die Zielgruppe der zukünftigen Azubis, aktive Facebook-User sind und darüber hinaus knapp zwei Drittel dieser Teenager täglich online sind[228], ist jedes Unternehmen in der Pflicht, zumindest über die Nutzung von Facebook nachzudenken.[229]

---

[227] Vgl. BITKOM (2011), S. 8
[228] Vgl. Busemann, K.; Gscheidle, C. (2011), S. 366
[229] Vgl. Beck, C. (2008), S. 45; sowie Bernauer, D. et al. (2011), S. 52

Schon um die Art und Form der Kommunikation in diesem SoMe-Tool steuern zu können, kann es im Interesse des Unternehmens sein, hier selbst aktiv zu werden. Facebook bietet hierzu einige Möglichkeiten, die von der passiven Beobachtung, dem sog. Background Checking, bis hin zur Entwicklung von Social Games reichen.[230]

Da die aktive Kandidatensuche auf Grund fehlender Angaben der Facebook-User sowie des großen Aufwands fast gänzlich ausgeschlossen werden kann und eher eine Option für Business-Netzwerke darstellt[231], soll diese Nutzung von Facebook hier nicht weiter verfolgt werden. Stattdessen sollen im Folgenden die beiden gängigsten Möglichkeiten des AMs auf Facebook diskutiert werden.

4.2.2.1 Stellenanzeigen

Die wohl am häufigsten genutzte PM-Maßnahme von Unternehmen auf Facebook ist die Platzierung klassischer PM-Instrumente wie Stellenanzeigen oder Event-Promotion als Werbe-Banner. Über das Anklicken solcher Banner gelangen potentielle Kandidaten auf direktem Wege zur Unternehmens-Homepage oder Karriere-Website.

Der große Vorteil der Schaltung einer Stellenanzeige auf Facebook liegt nicht nur darin, dass es direkt im Medium der Zielgruppe platziert ist, sondern auch darin, dass die Zielgruppe noch feiner untergliedert werden kann. Dadurch, dass Mitglieder freiwillig eine Vielzahl ihrer persönlichen Informationen preisgeben, ist es möglich, die Stellenanzeigen nur den wirklich passenden Kandidaten anzeigen zu lassen.[232]

Am Beispiel von DACHSER Steißlingen wäre hier eine Eingrenzung zur Suche eines Azubis zum Fachlageristen wie folgt möglich:

Alter:	17–19 Jahre
Ort:	78256 Steißlingen + 20 km Umkreis
Familienstand:	nicht verheiratet
Bildung:	Schüler / Haupt-/Realschule
Geschlecht:	männlich / weiblich
Sprachen:	Deutsch/Englisch

---

[230] Vgl. Bernauer, D. et al. (2011), S. 53
[231] Vgl. Koller, N. (2012)
[232] Vgl. Buschbacher, J. (2012)

Somit wird der Streuverlust einer Stellenanzeige bestmöglich minimiert. Ein weiterer großer Vorteil ist die Abrechnung dieser Anzeigen an Facebook nach dem Cost-per-Click-Prinzip. Somit wird nur der tatsächliche Abruf der Informationen bezahlt und darüber hinaus ist es möglich, eine maximale Click-Obergrenze pro Tag festzusetzen, um die Kosten kalkulieren zu können. Die Beantwortung der Frage nach der Konformität dieses Verfahrens mit dem Allgemeinen Gleichbehandlungsgesetz (AGG) kann mit letzter Sicherheit nicht geklärt werden, da hierzu noch keine Rechtsprechungen vorliegen.

Nachteilig ist die freie Verhandlung der Bezahlung per Click, denn so werden für Facebook einträglichere Stellenanzeigen häufiger und besser platziert.

Die Effektivität solcher Anzeigen ist allerdings sehr umstritten und wird als geringer als bei Google und anderen populären Websites eingeschätzt.[233]

Darüber hinaus dient diese Nutzung von Facebook nicht dem Ziel der Implementierung von SoMeCo und ist ebenso wenig geeignet, die klassische One-Way-Kommunikation des PM zu durchbrechen.[234]

4.2.2.2 Karrierepages

Im Gegensatz zur klassischen Karriere-Website des Unternehmens bietet die Facebook-Karrierepage die für die SoMe-Nutzung grundlegende Abkehr von der One-Way-Kommunikation. Während für die Karriere-Website die Informationsvermittlung zentraler Bestandteil ist, ermöglichen es Karrierepages, alle Fans über tagesaktuelle DACHSER-(Karriere-)Themen zu unterrichten, und geben ihnen so einen Einblick in die DACHSER-Arbeitswelt. Ausschlaggebend für die Empfindung von ehrlichen Einblicken ist die gelebte Mensch-zu-Mensch-Kommunikation, der generell eine weitaus größere Glaubwürdigkeit zugeschrieben wird als Werbekampagnen und PR-Maßnahmen.[235]

---

[233] Vgl. Letzing, J. (2012)
[234] Vgl. Wang, E. (2010), S. 21
[235] Vgl. Weigel, J.; Groß, M. (2011), S. 59

Der Inhalt einer Karrierepage sollte folgende Themen umfassen:[236]

- Neuigkeiten zu Karrierethemen

- Interviews mit HR-Managern, Azubis und der Geschäftsleitung

- Bewerbungstipps

- Stellenangebote & Event-Einladungen

- Einblicke in das Arbeitsleben der Azubis

Dabei sollte die Häufigkeit der Posts 3–5 pro Woche nicht unterschreiten, um in der Informationsflut der unzähligen Facebook Status-Updates nicht unterzugehen. User erkennen sehr schnell, ob das Abonnieren von Unternehmens-Nachrichten einen Mehrwert für sie schafft. So wird das Vernachlässigen der Karrierepage oder das Ausbleiben von neuem und sinnvollem Content umgehend mit sinkender Fanzahl quittiert. Dies bedeutet für das Unternehmen im Umkehrschluss aber auch, dass es mit seiner Karrierepage nur einen geringen Streuverlust hat.[237]

Zurzeit (Stand: April 2012) sind ca. 550.000 User Fans einer oder mehrerer deutscher Karrierepages. Unter den Top-Pages sind hochgelobte Online-Auftritte von Konzernen wie Lufthansa, Bayer oder Otto. Aber auch mittelständische Unternehmen sind unter den beliebtesten Karrierepages auf Facebook vertreten. So ist die Krones AG, trotz geringer Bekanntheit, schon länger in der Top 10 der Karrierepages vertreten. Dies gelingt dem Unternehmen vor allem durch eine offene und direkte Kommunikation mit den Fans.[238]

Die große Chance, die eine Facebook-Seite dem Unternehmen bietet, ist der hohe virale Effekt, der durch eine solche Karrierepage ausgelöst werden kann. Durch die „Gefällt mir"-Funktion werden Informationen des Unternehmens von den Fans mit all ihren Kontakten geteilt.[239] Dies führt zu einer höheren Reichweite, als die eigentliche Fananzahl aussagt, und steigert die Verbreitungsgeschwindigkeit von Informationen.

---

[236] Vgl. DIS AG (2011), S. 10
[237] Vgl. Weigel, J.; Groß, M. (2011), S. 60
[238] Vgl. Anlage 16: Beispiele zu Karrierepages auf Facebook; sowie Anlage 17: Facebook: Ranking der Karrierepages März 2012 (Auszug Top 100)
[239] Vgl. Huber, M. (2010), S. 123

Vor allem die Mitarbeiter und aktuellen Azubis wirken hier als Multiplikatoren, denn die Peer-to-Peer-Informationen von Freunden und Bekannten enthalten für die Generation Y eine weitaus höhere Authentizität als klassische Websites.[240]

Zukünftigen Azubis und potentiellen Bewerbern wird die Aufnahme der Kommunikation mit dem Unternehmen erleichtert und Hürden, wie stark hierarchische oder gesichtslose Kommunikation, abgebaut.

Neben den bisher erwähnten Vorteilen und Chancen des Einsatzes einer Facebook-Karrierepage im AM bestehen auch eine Reihe von Herausforderungen und konkreten Nachteilen, die es zu bewältigen gilt. Zum Teil bestehen diese Nachteile nur scheinbar und sind das Ergebnis von Vorbehalten und fehlendem Verständnis gegenüber der Generation Y.

So ist eines der häufigsten Argumente von HR-Managern gegen die Nutzung von Facebook die Annahme, dass man sich nicht vorstellen könne, dass Jugendliche, sowohl aus dem Unternehmen als auch externe, sich einbringen oder sich positiv an der Unternehmenskommunikation beteiligen wollen.

Diese These lässt sich durch eine Vielzahl von Beispielen funktionierender Karriere-Seiten sowie Umfragen unter Jugendlichen entkräften. Die Zielgruppe der Schüler ist begierig darauf, sich mit Unternehmen auf Augenhöhe zu unterhalten und sich in den Sozialen Medien einzubringen.[241] Des Weiteren sehen viele HR-Manager die Grenze von Facebook in der Unwilligkeit künftiger Bewerber, ihre Profile Arbeitgeber-konform zu gestalten.[242] Hier ist jedoch auf Studien der Northern Illinois University in Zusammenarbeit mit der Evansville and Aubrin University sowie Studien der University of Manchester[243] und Befragungen unter HR-Managern[244] in deutschen Unternehmen zu verweisen, die den Ansätzen Trosts und Bernauers widersprechen, wonach Einblicke in das Privatleben zukünftiger Azubis, mitunter sogar häufig dämonisierte „Partybilder", keinerlei Nachteile in der Findung eines Ausbildungs- oder Arbeitsplatzes darstellen. Häufig unterstellen solche Bilder soziale Gruppenzugehörigkeit und Teamfähigkeit und werden Bewerbern positiv angerechnet. Im Umkehrschluss gelten Bewerber, die gänzlich auf ein Auftreten in Sozialen Medien verzichten, zunehmen als suspekt und ihnen wird schnell unterstellt, sie hätten etwas zu verbergen.

---

[240] Vgl. Goebel, W. (2011), S. 116 ff.; sowie Parment, A. (2009), S. 20 f.
[241] Vgl. Klafke, M.; Parment, A. (2011), S. 7; sowie Bernauer, D. et al. (2011), S. 39 ff.
[242] Vgl. Trost, A. (2011); sowie Bernauer, D. et al. (2011), S. 27; sowie Anlage 18: Gründe gegen die Nutzung sozialer Medien
[243] Vgl. Kwoh, L. (2012), S. 23
[244] Vgl. Seng; Fiesel, Krol (2012), S. 17 ff.; sowie Beck, C. (2008), S. 60; sowie MFG – Innovationsagentur für IT und Medien (2012)

Die Einfachheit und der geringe Aufwand der Erstellung einer Facebook-Page sind häufig der Auslöser einer Unterschätzung der Leistung, welche nötig ist, eine solche Page zu betreiben. Vor allem das Befüllen der Seite mit immer neuen und zielgruppenrelevanten Informationen stellt Unternehmen vor komplexe Aufgaben und führt nicht selten zur Erkenntnis, dass dies nicht ohne die zusätzliche Bereitstellung von Human Resources für das Thema SoMeCo möglich ist.[245]

Darüber hinaus führt die allgegenwärtige Nutzung des Mediums Facebook im Privatleben der meisten Mitarbeiter zum Trugschluss, dass hier gänzlich ohne Vorbereitung ein beruflicher Einsatz möglich ist. Der uneingeschränkte Einsatz der Mitarbeiter als Markenbotschafter auf Facebook ist jedoch das Ergebnis einer Sensibilisierung dieser im Umgang mit dem Medium und der Information als solcher. Nur durch gezielte Schulung im Datenumgang und dem Managen von Krisensituationen bekommen die Mitarbeiter im Bereich SoMeCo die nötige Sicherheit in der beruflichen Nutzung des Mediums. So wird ihnen auch anfängliche Angst vor Fehlern genommen und eine schnelle Kommunikation mit der Zielgruppe ohne langwierige Rückfragen gewährleistet.

Waren vorangegangene Kritikpunkte auf die Nutzung von Facebook oder den Nutzer an sich beschränkt, trifft das gewichtigste Gegenargument Facebook selbst. Dieser Kritikpunkt lässt sich in einem Wort zusammenfassen: Datenschutz.

Zwar weisen alle großen SoMe-Tools Abstriche im Datenschutz auf, besonders gravierend sind diese jedoch bei Facebook. So konstatierte Stiftung Warentest[246] dem größten aller sozialen Netzwerke erhebliche Mängel im Umgang mit Userdaten. Dies ist vor allem dem Umstand geschuldet, dass ein Engagement auf Facebook mit der Abtretung der Rechte auf alle veröffentlichten Inhalte, also Texte, Bilder etc., einhergeht. Bei Facebook klingt das zusammengefasst so: „Du gibst uns eine nicht-exklusive, übertragbare, unterlizenzierbare, unentgeltliche, weltweite Lizenz für die Nutzung jeglicher Inhalte, die auf oder im Zusammenhang mit Facebook veröffentlicht werden."[247]

Die Firmenpolitik von Facebook zum Umgang mit Userdaten ist daher auch der sowohl von Unternehmen als auch Privatpersonen am häufigsten genannte Beweggrund für die Ablehnung ei-

---

[245] Vgl. Bernauer, D. et al. (2011), S. 52 ff.
[246] Vgl. Stiftung Warentest (2010a); sowie Anlage 19: Ergebnisse Stiftung Warentest: Test 04/2010 Soziale Netzwerke
[247] Vgl. Hutter, T. (2012)

ner Facebook-Nutzung und stetiger Ansatzpunkt für Kritik aus Politik und Verbraucherschutzverbänden.[248]

Für Facebook nutzende Unternehmen ergeben sich hieraus zweierlei Nachteile, zum einen droht eine Beschädigung des Images durch die Kooperation mit Facebook und der damit einhergehenden Zustimmung zur Datenweitergabe, zum anderen gerät das Unternehmen direkt in die Kritik, da es Praktiken fördert, die gegen gängige Datenschutzrichtlinien verstoßen.[249]

Dass der gewichtigste aller Kritikpunkte jener ist, der für den Einsatz die kleinste Bedeutung zu haben scheint, ist gleichermaßen real wie absurd. Die Nutzung von Facebook ist längst fester Bestandteil des Alltags der Zielgruppe und auch immer mehr des Alltags von HR-Managern. Die Datenschutzbestimmungen scheinen zwar für Verstimmungen auf Seiten von Unternehmen und Bewerbern zu sorgen, aber zumindest mittelfristig ist eine Abkehr von Facebook nicht in Sicht.[250] Daher gilt auch auf der Jagd nach den besten Azubis das Angler-Credo „Der Köder muss dem Fisch und nicht dem Angler schmecken".

So bleibt die Erkenntnis, dass Facebook besonders bei Azubis ein wichtiger Baustein im PM 2.0 sein kann, jedoch einer strategischen Planung und nachhaltigen Umsetzung bedarf.

4.2.3 Xing

Business-Networks wie Xing und LinkedIn bieten dieselben Möglichkeiten wie Facebook und andere Social Networks, jedoch verfügen sie über eine weitaus höhere Reputation und sind im Berufsleben gänzlich integriert. Dies verdanken diese Business-Networks vor allem ihrer professioneller anmutenden Nutzer-Oberfläche.

Vor allem im PM ist Xing heute schon ein gängiges Instrument der Kandidatenidentifikation. Durch ausführliche Lebensläufe sowie präzise Angaben über berufliche Wünsche auf den User-Profilen wird es für Unternehmen einfacher, optimale Kandidaten zu finden und anzusprechen.[251]

Durch die fortschreitende Verlagerung der Pflege von Beziehungen und Kontakten von Business-Networks zu Sozialen Netzwerken sind Erstere in der Pflicht, neue Tätigkeitsfelder aufzubauen. Besonders Xing ist aufgrund dieser Entwicklung seit einiger Zeit darum bemüht, sich in

---

[248] Vgl. BITKOM (2011), S. 31 ff.; sowie BITKOM (2012), S. 21 f.; sowie Anlage 18: Gründe gegen die Nutzung sozialer Medien
[249] Vgl. Huber, M. (2010), S. 124
[250] Vgl. BITKOM (2011), S. 29
[251] Vgl. Weinberg, T. (2009), S. 183 ff.

der Öffentlichkeit als eine Form der Arbeitsplatzvermittlungs-Plattform zu präsentieren. Dies wird schon am neu gestalteten Login-Bereich deutlich.[252]

Trotz dieser Reihe von Vorteilen und einer optimierten Nutzeroberfläche ist Xing als Bestandteil der SoMeCo im AM und Recruiting zu vernachlässigen.

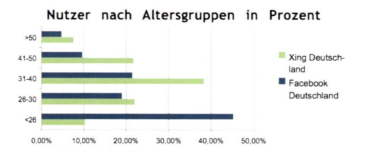

Abbildung 17: Vergleich der Altersgruppen von Usern bei Xing und Facebook, Quelle: allfacebook.de (2009)

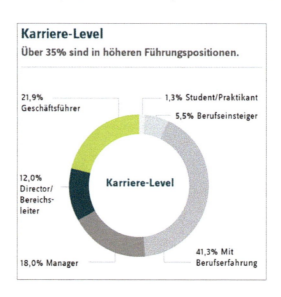

Abbildung 18: Karriere-Level der Xing-User, Quelle: Xing (2012b)

Ausschlaggebend für die Ablehnung von Xing ist die Nutzerstruktur des Netzwerkes. Während schon der Einsatz im Hochschulmarketing auf Grund des geringen Anteils an Studierenden fraglich scheint (Abbildung 18), so ist die Zielgruppe des AMs, die Schulabgänger, so unterrepräsentiert, dass diese nicht einmal in Unternehmensstatistiken Erwähnung finden.[253] Abbildung

---

[252] Vgl. Anlage 20: Veränderter Xing Auftritt 2006 & 2012
[253] Vgl. Anlage 21: Altersstruktur der User von Xing und Facebook

17 zeigt, dass die Altersgruppe der unter 26-Jährigen und damit die Altersgruppe, auf die sich AM-Maßnahmen richten, auf Facebook wesentlich stärker repräsentiert ist als auf Xing.

4.2.4 Podcasts

Hinter Sozialen Netzwerken stellen die Audio- & Videopodcasts sowie Video-Plattformen das am häufigsten genutzte Social-Media-Tool dar. Bereits 28 % der Unternehmen nutzen diese Form der SoMeCo.[254] Auch von Seiten der Zielgruppe besteht insbesondere bei Video-Angeboten großer Zuspruch. So geben 95 % der 14- bis 19-Jährigen an, diese Portale zumindest selten zu nutzen.[255]

Umso verwunderlicher ist es, dass die Nutzung von Audio- und Videopodcasts im Recruiting noch eine weit untergeordnete Rolle spielt.

Die Vorteile, die Unternehmen und auch Bewerber von Podcasts erhalten, sind Informationen zum Unternehmen, zu Bewerbungsverfahren oder ganze Vorstellungen einzelner Jobprofile, die nicht nur schriftlich vorgelegt, sondern durch Bild und Ton emotionalisiert und aufgewertet werden.

Durch die Nutzung von Mitarbeitern und gegenwärtigen Azubis als Testimonials können häufig gestellte Fragen sympathisch und detailliert erklärt werden. Die potentiellen Bewerber erhalten so schon von Beginn an einen Einblick in das Unternehmen und bekommen einen Eindruck vom Recruitingteam sowie anderen Ansprechpartnern. Dies führt zur Kommunikation auf Augenhöhe und erleichtert die Kontaktaufnahme mit dem Unternehmen, da zum Teil beängstigende Hierarchie-Gefälle abgebaut werden können.[256]

Für eine möglichst offene und authentische Ansprache der zukünftigen Azubis sind Video-Podcasts eher geeignet als reine Audio-Podcasts. Da das besondere an Podcasts die durch Mitarbeiter vermittelten Einblicke in das Unternehmen sind, kommt ihnen eine zentrale Stellung zu. Diese Recruiting-Videos sind von bereits vorhandenen Image-Filmen scharf abzugrenzen, denn bei Ersteren stehen die Mitarbeiter, das Unternehmen und der Arbeitsplatz als solcher im Vordergrund.

---

[254] Vgl. BITKOM (2012), S. 8
[255] Vgl. Busemann, K.; Gscheidle, C. (2011), S. 366; sowie Anlage 5: Auszüge aus der ARD/ZDF Online-Studie 2011 (II)
[256] Vgl. Bernauer, D. et al. (2011), S. 83 ff.

Das Besondere an diesem Social-Media-Tool ist, dass es sich problemlos mit weiteren kombinieren lässt. So lassen sich Podcasts in Blogs, Karriereseiten oder auch in Profile in Sozialen Netzwerken integrieren. Eine Besonderheit stellen hierbei Video-Portale dar.[257]

4.2.5 YouTube

Der Gedanke an Videos, die ins Internet gestellt werden, ist heute schon fast zwangsläufig mit dem Namen YouTube verbunden. Die zum Google-Konzern gehörende Video-Plattform ist zurzeit die größte ihrer Art und für Internet-User weltweit erste Anlaufstelle auf der Suche nach Videos im Web.

Für fast 65 % der Deutschen zwischen 14 und 19 Jahren ist sie schon fester Bestandteil des Alltags und somit fast täglich in Nutzung.[258] Daher stellt sich nach Erstellung eines Recruiting-Videos automatisch die Frage, ob nicht auch ein YouTube-Auftritt sinnvoll ist.

Die Video-Podcasts wären somit direkt im Medium der Zielgruppe und können frei von jeglicher Registrierung von allen Usern abgespielt werden. Darüber hinaus lassen sich die Videos, ebenso wie normale Podcasts, in weitere Medien wie Blogs und die Karriere-Website einbauen.

Der reine Upload von Content in YouTube ist für Unternehmen aber mit einigen Risiken verbunden. Neben den allgemeinen Risiken, wie sie alle SoMe-Kanäle aufweisen, ist hier vor allem die fehlende Kontrolle darüber, in welchem Umfeld das Video später auf YouTube auftaucht, erwähnenswert. YouTube errechnet auf Basis einer Vielzahl von durch User aufgerufener Videos, welche Videos für Nutzer, die das Unternehmens-Video abgespielt haben, ebenfalls von Interesse sein könnten. Diese Auswahl wird auf der YouTube-Website unter „Related Videos" sichtbar (Abbildung 19).

---

[257] Vgl. Huber, M. (2010), S. 59
[258] Vgl. Rothstock, K. (2010), S. 5; sowie Anlage 6: Nutzung der Social Media Plattformen (I)

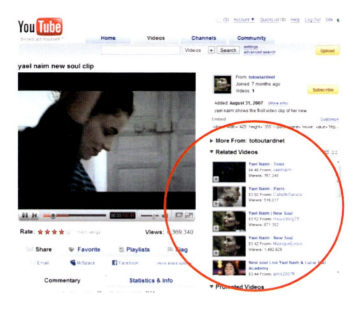

Abbildung 19: YouTube Auftritt, Quelle: YouTube (2012)

Das Unternehmen hat keinerlei Einfluss oder Kontrolle, in welchem Umfeld die Recruiting-Videos erscheinen. Dies kann von unpassenden Beiträgen oder Beiträgen von direkten Wettbewerbern bis hin zu sexuellen, gewaltverherrlichenden oder rechtsradikalen Inhalten reichen.[259]

Durch einen personalisierten YouTube-Kanal[260] des Unternehmens kann dieses Risiko fast gänzlich eliminiert werden. Darüber hinaus bietet YouTube eine Anpassung des Layouts im Corporate Design, um die Schaffung einer positiven Employer Brand zu unterstützen. Hierdurch wird eine „offizielle" und zentrale Anlaufstelle für Bewerber geschaffen, um sich mit Informationen rund um das Unternehmen und Bewerbungen zu versorgen.[261]

Generell gilt die Bereitstellung von Video-Content auf dem Corporate YouTube Channel oder auf einer anderen Plattform als die Krönung des SoMe-Auftritts und ist somit für Folgeschritte eines gelungenen Social-Web-Auftritts bestens geeignet.[262] Jedoch empfiehlt es sich, die Kommunikation mit der Zielgruppe zunächst in einer anderen Form aufzunehmen und sie später durch Video Content zum Beispiel durch Verlinkungen in Azubi-Blogs oder der Facebook-Karriereseite zu ergänzen.

---

[259] Vgl. Grabs, A.; Bannour, K. (2011), S. 279 f.
[260] Vgl. Anlage 22: Corporate YouTube Channel
[261] Vgl. Alby, T. (2008), S. 112; sowie sowie Esser, M.; Schelenz, B. (2011), S. 155 ff.
[262] Vgl. Huber, M. (2010), S. 62; sowie Kuster, T.; Schablitzki (2012), S. 44 f.

4.2.6 Twitter

Echtzeit-Kommunikation ist das Markenzeichen dieses SoMe-Tools. So können sich Nachrichten binnen weniger Minuten weltweit verbreiten. Voraussetzung für eine erfolgreiche Nutzung des Dienstes ist eine Community, deren Mitglieder Informationen aufnehmen und diese mit ihrer je eigenen Community zu teilen bereit sind. Nur so ist trotz der Schnelllebigkeit eine größtmögliche Reichweite erzielbar.

Trotz einiger populärer Beispiele[263] für twitternde HR-Manager, der wohl bekannteste unter ihnen ist sicher Robindro Ullah von der Deutschen Bahn AG[264], hat sich dieses Tool in deutschen Personalabteilungen noch nicht etabliert. Nicht einmal jeder zehnte HR-Manager hatte überhaupt schon einmal Kontakt mit Twitter.[265]

Dabei bietet Twitter vor allem eine direkte und authentische Kommunikation auf Augenhöhe mit dem Bewerber sowie die Chance, auch passiv Suchende zu erreichen.

Der Grund für den häufigen Verzicht auf Twitter liegt paradoxerweise ebenfalls in der gelobten Schnelligkeit. Denn besonders bei einer recht überschaubaren Follower-Anzahl ist die Gefahr groß, dass Tweets in der Masse untergehen. Während die Krisenkommunikation oder auch Gewinnspiele relativ schnell von Usern verbreitet werden, ist dies bei reinen Unternehmens-Informationen nicht der Fall. Hier werden tagesaktuelle und frische Infos nachgefragt und nicht bereits bekannte Inhalte von Firmen-Websites.[266]

Ebenso werden von Unternehmen schnellstmögliche Antworten und das ständige Verfolgen des Twittergeschehens erwartet, um proaktiv agieren und aktiv reagieren zu können. Twitter ist daher der wohl aufwendigste und arbeitsintensivste Kommunikationskanal unter allen Social-Media-Tools. So ist es der Deutschen Bahn AG auch nur unter erheblichem Einsatz von Arbeitskraft möglich, ihren Twitter-Karriere-Kanal erfolgreich zu führen.

Hier findet der Autor nur teilweise eine Übereinstimmung mit der gängigen Literatur, zwar ist besonders in der Kundenbindung und dem Marketing der Einsatz von Twitter eine Erfolg versprechende Möglichkeit, aber im Bereich des AMs folgt der Autor dieser Auffassung nicht. Hier stehen viel eher die Nachteile gegenüber anderen Tools im Vordergrund, weshalb auf den Einsatz von Twitter zugunsten von anderen SoMe-Kanälen verzichtet wird.[267]

---

[263] Vgl. Anlage 23: Beispiele zu Personalmarketing auf Twitter; sowie Anlage 24: Twitter Career Channels 1000 Club
[264] Vgl. Ullah, R. (2011), S. 77 ff.; sowie Blog Recrutainment (2012b)
[265] Vgl. IFOK (2009), S. 10 f.
[266] Vgl. Bernauer, D. et al. (2011), S. 73 ff.
[267] Vgl. Huber, M. (2010), S. 51 ff.; sowie Weinberg, T. (2009), S. 173 ff.; sowie Grabs, A.; Bannour, K. (2011), S. 166

4.2.7 Kununu

Befragungen unter Schulabgängern ergaben, dass für 72 % der Schüler der gute Ruf eines Unternehmens ausschlaggebend für eine Bewerbung und die anschließende Unterschrift unter den Arbeitsvertrag ist.[268]

Diese Ergebnisse verdeutlichen die Bedeutung des Employer Branding. Die Meinungsbildung über ein Unternehmen findet heute in der Regel online statt. Denn fast 90 % der Jugendlichen informieren sich über Firmen und Ausbildungsplätze online. Hierbei spielen die von Suchmaschinen gefundenen Foren und Bewertungsportale eine immer entscheidendere Rolle. Hieraus entsteht ein Kreislauf, denn je mehr User diese Seiten aufsuchen, desto höher werden sie bei Google gelistet und von desto mehr Usern werden sie abgerufen.[269]

Das größte Arbeitgeberbewertungsportal – kununu – wird somit neben einigen Foren zur zentralen Informationsstelle vieler Schüler auf der Suche nach einem Ausbildungsplatz.

Der Versuch mancher Unternehmen, diese Plattform durch einige geschönte Bewertungen zu ihren Gunsten zu manipulieren, wird von Nutzern recht schnell erkannt. Viel eher sollten die Möglichkeiten eines integren Umgangs mit diesem Medium von Unternehmen erkannt und ausgeschöpft werden. So können Mitarbeiter gezielt aufgefordert werden, ihre Meinung abzugeben sowie Verbesserungsvorschläge einzureichen. Somit entstehen ein authentisches Bild des Unternehmens und darüber hinaus ein aktiver Dialog zwischen Bewertern und dem Betrieb.[270]

Der oft genannte Vorbehalt von Unternehmen gegenüber der Möglichkeit schlechter Bewertung, vor allem auch von Seiten ehemaliger Angestellter und abgelehnter Bewerber, ist im Sinne der Offenheit des Netzes zu entkräften. Denn sollte es Kritik geben, so tritt sie auch in anderer Form zutage. Dies wird im Besonderen durch die Tatsache deutlich, dass Unternehmen auch ohne ihre Kenntnis oder ihr Zutun bewertet werden.

Jedoch bietet diese Plattform die Möglichkeit, die Kritik zu sammeln und darüber hinaus zu zentralisieren. Durch das Animieren der Mitarbeiter, an Bewertungen teilzunehmen, werden einzelne negative Kritiken relativiert und darüber hinaus ist häufig der Effekt zu beobachten, dass Mitarbeiter Kritik bereits entkräften, noch bevor das Unternehmen selbst auf sie reagieren kann.

---

[268] Vgl. Logistik Heute (2012)
[269] Vgl. Van Eimeren, B.; Frees, B. (2011), S. 344 f.
[270] Vgl. Bernauer, D. et al. (2011), S. 20ff.

Auch wenn dieses Instrument im Azubi-Recruiting nur eine untergeordnete Rolle spielt, so ist es nicht zu unterschätzen und eine für den Arbeitgeber relativ zeit- und kostengünstige Möglichkeit zur Schaffung eines positiven Arbeitgeber-Images.

4.2.8 Recruiting-Wikis

Die meisten Schüler sind durch diverse Hausaufgaben und Referate mit dem Umgang mit Wikipedia, dem größten aller Wikis, vertraut. Aufgrund dieser Vertrautheit bietet sich die Nutzung eines Recruiting-Wikis an.

Ein solches Recruiting-Wiki kann dazu genutzt werden, Bewerbern und Interessenten kontinuierlich aktualisierte Informationen zum Bewerbungsablauf oder zu Besonderheiten des Bewerbungsprozesses zu bieten. Darüber hinaus können interne, für den Bewerber nicht ersichtliche Vorgänge der Bewerbung erläutert und somit transparent gemacht werden.[271]

Jedoch ist ein Recruiting-Wiki viel eher für das interne PM geeignet, hier können unternehmensintern Wissensspeicher aufgebaut werden, welche zum tiefgreifenden Austausch zwischen Mitarbeitern führen. Der Vorteil liegt in der Richtigkeit eines Wikis, da viele Menschen an seiner Korrektheit arbeiten und jeder es korrigieren und durch Verlinkung spezifizieren kann.

Die Beteiligung Externer an tiefsten Interna eines Unternehmens ist mit hohem Risiko verbunden und wird daher in der Regel von den meisten Unternehmen abgelehnt.[272]

Eine Möglichkeit, dennoch ein Wiki für Externe zu pflegen, ist die Unternehmensseite auf Wikipedia. Es ist ein weitverbreiteter Irrtum, dass Unternehmen nicht an der Erstellung eines Eintrags zu ihrem Unternehmen beteiligt sein dürfen. Jedoch ist jede Werbung strikt untersagt und Angaben müssen mit Quellen unterlegt werden. Besonders im anglo-amerikanischen Raum ist es gängige Praxis, dass Einträge von Unternehmen gepflegt werden; diese stehen jedoch unter ständiger Beobachtung der User, die immer eingreifen und abändern können.

Wichtig für die Leser sind Beiträge zur Konzernstruktur, Biographien des Managements sowie Erläuterungen zur Historie. Kritische Punkte sollten vom Unternehmen nicht verschwiegen oder gar verleugnet werden, da Verschleierung von Usern schnell entlarvt und offengelegt werden kann. So hat der Öl-Konzern BP in einer repräsentativen Studie des Mailänder Marktfor-

---

[271] Vgl. Weiße, D. (2011), S. 20; sowie Bernauer, D. (2011), S. 104
[272] Vgl. Beck, C. (2008), S. 47

schungsinstitutes Lundquist auf Grund seines offenen und ehrlichen Umgangs mit der Öl-Pest im Golf von Mexiko den fünften Platz der besten Unternehmensseiten auf Wikipedia erreicht.[273]

Auch wenn die Schaffung eines externen Recruiting-Wikis nicht in Betracht kommt, so sollte die Pflege des Wikipedia-Eintrags nicht vernachlässigt werden.

4.3 Kosten des Einsatzes von Social Media Communication im Recruiting

Die meisten SoMe-Tools stehen kostenfrei zur Nutzung. Insofern Kosten durch die Nutzung von Premium-Diensten anfallen, sind diese meist verschwindend gering. Selbst die erhöhten Traffic-Kosten durch Implementierung dieser Tools auf eigenen Servern sind so gering, dass diese Kosten in der Betrachtung dieser Studie gänzlich vernachlässigt werden können.

Jedoch sollte die Gratis-Nutzung nicht über die wahren Kostentreiber täuschen. Der Einsatz lässt sich am deutlichsten durch interne Mannarbeitsstunden messen. Zur Berechnung des Einsatzes von SoMe werden nachfolgende durchschnittliche Stundenkosten zu Grunde gelegt:

Mitarbeiter (abhängig von Tätigkeit und Berufserfahrung)	15 €/h
Auszubildender	5 €/h
Dualer Student	6,50 €/h

Tabelle 5: Durchschnittliche Stundensätze, Quelle: DACHSER (2012b)

Die Nutzungsdauer des jeweiligen Tools variiert von SoMe-Kanal zu SoMe-Kanal und kann daher nicht ohne Einzelbetrachtung bestimmt werden.

---

[273] Vgl. Ethority (2012b); sowie Anlage 25: Corporate Wikipedia-Seite BP

Die nachfolgenden Angaben fokussieren die Nutzungsdauer je Arbeitstag und werden im Anhang[274] tiefgreifender und nach Einzeltätigkeit untergliedert und erläutert.

Twitter	1 ½ - 3 h/Tag
Facebook	1 ½ - 3 h/Tag
Azubi-Blog	2 h/Tag

Tabelle 6: Tägliche Nutzungsdauer diverser Social Media Tools, Quelle: Bernauer, D. et al. (2011), S. 118 f.; sowie Ullrich, F (2012), S. 34 f.; sowie Buschbacher, J. (2012)

Werden pro Monat 20 Arbeitstage angenommen, so ergeben sich aus den durchschnittlichen Stundensätzen in Tabelle 5 und der täglichen Nutzungsintensität aus Tabelle 6 die nachfolgenden Monatskosten je SoMe-Tool und Anwender.

	twitter	facebook	Blogger
Mitarbeiter	450 € - 900 €	450 € - 900 €	600 €
Auszubildender	150 € - 300 €	150 € - 300 €	200 €
Student	195 € - 390 €	195 € - 390 €	260 €

Tabelle 7: Monatliche Kosten je Social Media Kanal, Quelle: Eigene Darstellung (2012)

Eine strikte Trennung der drei Bereiche der Mitarbeiter ist in der Praxis nicht umsetzbar. Sollte der SoMe-Kanal gänzlich von Azubis und Studenten betreut werden, so sind weitere Mitarbeiter dennoch durch das Beantworten von Fragen und Unterstützung involviert.

Eine gezielte Schulung zu Beginn des Projekts SoMe der in der SoMe-Kommunikation eingesetzten Mitarbeiter sowie eine Sensibilisierung derselben im Datenumgang ist unumgänglich. Die Stundensätze einer Schulung betragen in der Regel 90 €–100 € und Tagespauschalen liegen bei 700 €–800 €.[275]

Darüber hinaus besteht das Risiko von indirekten Kosten durch Fehlverhalten im Internet, die sich in Reputationsverlust und einer Schädigung der Marke zeigen können.

---

[274] Vgl. Anlage 26: Anwendungsdauer Social Media Tools
[275] Gruppenpreise je Inhouse-Seminar und nicht pro Person

4.4 Nutzen der Erweiterung des Personalmarketings um den Einsatz von Social Media Communication

Im Nachgang zu der kritischen Würdigung und Analyse der einzelnen Tools der SoMeCo in Kapitel 4.2 werden hier noch einmal die wesentlichen Vorteile und Chancen des Einsatzes dieser Tools im AM betrachtet.

Dies geschieht jedoch nicht erneut instrumentenspezifisch, sondern übergreifend, um zum Abschluss des Kapitels die identifizierten Vorteile in einem nächsten Schritt den größten Risiken des SoMe-Einsatzes gegenüberstellen zu können.

4.4.1 Nutzen für das Unternehmen

Die große Chance, die in der Nutzung von SoMe im AM für das Unternehmen liegt, ist die Erhöhung seines Bekanntheitsgrades in der Zielgruppe der Schulabgänger. Verbunden mit diesem zeitgemäßen Zugang zu den Schülern erhält das Unternehmen die Möglichkeit, interessante und individualisierte Informationsangebote zu bieten.[276]

Der Einsatz von eigenen Mitarbeitern und Azubis als Markenbotschafter zeigt das Unternehmen nicht nur in seiner ganzen Vielfalt, sondern schafft auch eine sympathische und authentische Employer Brand und sorgt somit für eine emotionale Bindung des Bewerbers.[277] Darüber hinaus kann das Unternehmen durch Nutzung von SoMe-Tools aktiv in kritische Berichterstattung eingreifen und schafft eine zentrale Anlaufstelle für Anregungen und Beschwerden.[278]

Innerbetrieblich liegt der Nutzen hauptsächlich in der Steigerung der Mitarbeiterzufriedenheit und Motivation durch die Möglichkeit, die eigene Kreativität einzubringen. Der aktive Einsatz als Markenbotschafter schafft ebenfalls eine weitaus höhere Loyalität und Unternehmenszugehörigkeit.[279]

4.4.2 Nutzen für den künftigen Bewerber

Für den interessierten Schulabgänger ist der Nutzen eines SoMe-Einsatzes im Unternehmen nicht minder hoch. Neben exklusiven und außergewöhnlichen Einblicken in das Unternehmen und den Arbeitsalltag lernt er schon vor Beginn der Ausbildung einen Teil seiner zukünftigen Kol-

---

[276] Vgl. Beck, C. (2008), S. 35 ff.; sowie Wang, E. (2010), S. 21; sowie Trost, A. (2009), S. 20 ff.
[277] Vgl. Schelenz, B. (2007), S. 8; sowie Kürn, H. (2009), S. 153; sowie Kienbaum (2011), S. 13 f.
[278] Vgl. Bernauer, D. et al. (2011), S. 56; sowie Esser, M.; Schelenz, B. (2011), S. 151 f.
[279] Vgl. Weigert, M. (2010), S. 9

legen kennen. So hat er die Möglichkeit, einen authentischen ersten Eindruck von der Ausbildung zu gewinnen und zu erkennen, ob ihm diese zusagt.[280]

Des Weiteren nutzt er die schnelle und direkte Kommunikation mit dem Unternehmen, um einen Dialog auf Augenhöhe zu führen. Mit dem Abbau der klassischen Ein-Weg-Kommunikation können viele Missverständnisse und Unklarheiten schnell und unbürokratisch geklärt werden, ohne potentielle Bewerber durch lange schriftliche Korrespondenzen, inklusive hoher Wartezeiten, noch vor einer Bewerbung abzuschrecken.[281]

Ein ebenso großer Vorteil ist die Möglichkeit, zeit- und ortsunabhängig nicht ausschließlich mit dem Unternehmen, sondern auch mit anderen Interessenten in Kontakt zu treten sowie Anfragen zu stellen. Diese werden häufig schon nach wenigen Minuten von Fans, Followern oder Kontakten beantwortet, noch bevor das Unternehmen reagieren kann.[282]

4.5 Risiken des Einsatzes von Social Media Communication

4.5.1 Streisand-Effekt

Der nach der Schauspielerin und Musikerin Barbara Streisand benannte Streisand-Effekt geht auf eine Luftaufnahme ihres Hauses zurück, die sie unter Androhung einer 50-Mio.-Dollar-Klage aus dem Internet gelöscht haben wollte. Er bezeichnet die gegenteilige Wirkung der Bemühung, eine Information zu unterdrücken.[283]

Häufiger Auslöser ist eine als ungerechtfertigt empfundene Kritik oder Verunglimpfung des eigenen Unternehmens oder seiner Produkte, auf die mittels anwaltlicher Abmahnung samt Aufforderung zur Löschung dieser Kritik aus dem Internet reagiert wird.

Die große Gefahr ist, dass der Kritiker sich nun seinerseits als Opfer eines übermächtig scheinenden Konzerns sieht und den Weg an die Öffentlichkeit mittels stark emotionalisierter Berichte sucht. Es entsteht eine Welle der Empörung, die eine logische Argumentation kaum noch zulässt. Das eigentliche Ziel, diesen unliebsamen Inhalt zu entfernen, wird konterkariert. Unabhängig davon, ob der Wunsch nach Löschung des Inhalts juristisch korrekt ist oder nicht, kommt es allein durch den Versuch der Unterdrückung zu einer lawinenartigen und dauerhaften Ver-

---

[280] Vgl. Beck, C. (2008), S. 50 f.
[281] Vgl. Wang, E. (2010), S. 21; sowie Bernauer, D. et al. (2011), S. 52; sowie Hünnekens, W. (2011), S. 87 f.
[282] Vgl. Weinberg, T. (2009), S. 173; sowie Hünnekens, W. (2011), S. 88; sowie Grabs, A.; Bannour, K. (2011), S. 225 f.
[283] Vgl. Pfeiffer, T.; Koch, B. (2011), S. 238; Schindler, M.; Liller, T. (2012), S. 416

breitung. Es bleibt die Erkenntnis, dass Content, der einmal im Internet steht, nicht wieder gelöscht werden kann; so bleibt nur ein professioneller Umgang mit ihm.[284]

Oder haben Sie sich vor diesem Kapitel schon einmal Gedanken über das Haus von Barbara Streisand gemacht?

4.5.2 Shitstorm

Der etwas unappetitliche Begriff des Shitstorms, auf dessen Übersetzung in diesem Buch verzichtet wird, bezeichnet eine Empörungswelle im Internet. Er ergibt sich aus einem regelrechten Sturm der Entrüstung und des Protestes, welchem sich die Betroffenen ausgesetzt sehen.

In der Regel verbreitet sich eine solche Welle im Internet auf mehreren Kanälen. Tweets, Blog-Einträge und Facebook-Posts sollen die Empörung weitertragen. Der Zusatz „Shit" bezeichnet die Komponente der meist aggressiven und beleidigenden Kommentare, die sich im Rahmen eines Sturms der Entrüstung gegen Konzerne, Institutionen oder in der Öffentlichkeit stehende Personen richten.[285]

Das größte Problem für ein Unternehmen liegt darin, dass es fast kein Mittel hat, einen Sturm der Entrüstung abzuschwächen. Auf Grund der stark emotionalisierten Situation sind logische Argumente und Schlussfolgerungen oft nicht mehr zielführend. Während einhellig davor gewarnt wird, in aggressiver Form zu antworten oder Internet-Auftritte abzuschalten und Negativ-Posts zu löschen, fehlt eine einheitliche Empfehlung der Literatur zum Vorgehen.

Sascha Lobo[286] empfiehlt das Aussitzen des Shitstorms, während andere Meinungen zur frühzeitigen Reaktion tendieren und Gesprächsangebote sowie Stellungnahmen favorisieren, um eine Empörungswelle zu stoppen, bevor sie an Dynamik und Verbreitung gewinnen kann.[287]

---

[284] Vgl. Li, C.; Bernoff, J. (2011), S. 7; sowie Ebersbach; Glaser; Heigel (2011), S. 221 f.
[285] Vgl. Schindler, M.; Liller, T. (2012), S. 169
[286] Vgl. Lobo, S. (2010)
[287] Vgl. Grabs, A.; Bannour, K. (2011), S. 53

4.5.3 Negativ-Beispiele zur Fehlervermeidung

Aus Fehlern kann gelernt werden. Voraussetzung ist jedoch, dass sie als solche wahrgenommen werden. Immer wieder entstehen im Internet Krisen, die zu Image-Schäden von Marken und Unternehmen führen, weil diese die Möglichkeiten des Social Webs verkannt haben.

Die beispielhaft angeführten Fälle verbindet, dass nicht auf die Online-Kommunikation eingegangen worden ist. Anstelle des Dialogs wurde oft auf juristische Drohungen und Verschleierungen als Reaktion zurückgegriffen.[288]

4.5.3.1 Amazon

Das Social-Commerce-Versandhaus nahm mehrere Artikel aus dem Sales-Rank und entzog ihnen so die Bewertungs- und Auffindungsmöglichkeit. Sie konnten nur noch über die direkte Suche gefunden wurden.

Für große Empörung sorgte die Tatsache, dass auffällig viele Bücher und Filme mit homosexuellen Inhalten und Akteuren unter diesen Artikeln waren. Dass die Geschäftsführung erst sehr spät und auch nur vereinzelnd auf die meist auf Twitter stattfindende Kritik reagierte, verstärkte die Entrüstungswelle. Noch heute werden kritische Tweets unter #Amazonfail geäußert.

4.5.3.2 Deutsche Bahn

Kaum ein Unternehmen hat so häufig mit Image-Problemen zu kämpfen wie die Deutsche Bahn. Verspätungen, Zugausfälle, Preiserhöhungen und selbst der wohlgemeinte Slogan „Thank you for travelling with Deutsche Bahn" erfahren Kritik und Hohn im Internet.

Dass die Probleme auch hausgemacht sind, zeigte sich durch die SoMe-Politik während der Lokführer-Streiks. Hier bezahlte die Deutsche Bahn Blogger, um positive Kommentare zu veröffentlichen und Streikführer zu diskreditieren. Nach Bekanntwerden der Praxis entlud sich ein Shitstorm über der Deutschen Bahn, der auch die Internet-Auftritte von DB Schenker sowie den Facebook-Kampagnen-Auftritt zum eigentlich beliebten „Chefticket" betraf.

---

[288] Vgl. Grabs, A.; Bannour, K. (2011), S. 48 ff.; sowie Schindler, M.; Liller, T. (2012), S. 171 ff.; sowie Kil, M. (2011)

4.5.3.3 Nestlé

Greenpeace stellte im März 2010 ein sog. Shocking-Video ins Netz, mit dem die Urwaldrodung und die damit einhergehende Bedrohung der Orang Utans, für die Produktion des unter anderem in der Herstellung des KitKat-Riegels verwendeten Palmöls, scharf kritisiert wurde.

Abbildung 20: Shocking-Video als Kritik, Quelle: Greenpeace(2010)

Der weltweiten Kritik wurde erst durch die Löschung von Kommentaren und später durch die Abschaltung von SoMe-Auftritten begegnet. Erst als über eine Viertel Mio. User das Video abgerufen hatten, war Nestlé zu einer euphemistischen Pressemitteilung bereit, welche jedoch keinerlei Stellungnahme zu konkreten Vorwürfen enthielt. Erst weitere zwei Monate später wurde Greenpeace ein Aktionspapier mit dem Verzicht auf Palmöl zugesagt.

Bis heute gilt dies als eine der größten Negativ-Kampagnen im Social Web.

4.5.3.4 Henkel

Henkel rief zum Start der Facebook-Aktivitäten einen Kreativ-Design-Wettbewerb für die neue Pril-Flasche aus. Der große Zuspruch und die vielen eingegangenen Ideen bezeugten den Erfolg der Kampagne. Jedoch fanden sich auf den vorderen Plätzen der von Usern gewählten Designs nur Vorschläge, die Pril nicht zusagten, daher wurden Ergebnislisten bereinigt und Abstimmungsergebnisse über Nacht revidiert und verfälscht.

Dies machte nicht nur die ganze Aktion unglaubwürdig, sondern zerstörte auch die bis dahin erfolgreiche Kampagne. Trotz großer Kritik von Usern und Beteiligten gingen die vom Unternehmen favorisierten Designs in die Produktion.

5 Implementierung von Social Media Communication-Tools im Auszubildenden-Recruiting bei der DACHSER GmbH & Co. KG

5.1 Anforderungen an Social Media Communication im Recruitment

Das Recruitment muss sich in Zukunft immer stärker den demographischen Trends im Ausbildungsmarkt stellen und kann mit den klassischen Tools des AMs bei der Generation Y an die eigenen Grenzen stoßen.

Das Ziel der Implementierung von SoMe Tools im AM ist es, die Versorgung von DACHSER mit Azubis und somit auch mit Nachwuchsfachkräften langfristig und nachhaltig sicherzustellen.

Die erfolgreiche Nutzung von Social Web im Recruitment erfordert eine Dialogmöglichkeit sowie eine zeitnahe Reaktionsfähigkeit und Aktualität des Inhalts. Dieser Umstand verdeutlicht ein weiteres Mal, dass das Betreiben eines SoMe-Auftritts aus Modegründen und das damit einhergehende spärliche Pflegen von Angeboten in der Regel nicht erfolgreich sind.

Auf diesen Plattformen stehen die direkte und offene Kommunikation sowie die Informationsweitergabe im Fokus. Hierfür benötigt die SoMeCo eine freie Kommunikationspolitik im Unternehmen, bei der nicht jede einzelne Antwort von der PR-Abteilung gegen geprüft wird. Darüber hinaus ist die Kreativität der Mitarbeiter zur Erstellung von Inhalten, welche den Social-Web-Auftritt von einem reinen Werbeauftritt abgrenzen, die zentrale Anforderung im Unternehmen.

5.2 Aufbau von Social Media Communication im Recruitment der DACHSER GmbH & Co. KG

5.2.1 Zielgruppe und Strategie

Der erste Schritt hin zu einem attraktiven Auftritt in den Sozialen Medien ist die Definition einer SoMe-Strategie sowie der Zielgruppe.

Da die Zielgruppe schon in Kapitel 2.2.4 eingehend definiert und auf die Schulabgänger der Haupt- und Realschulen eingegrenzt wurde, kann nun direkt auf die Definition der Strategie eingegangen werden. Diese Strategie beschreibt, was DACHSER mit dem Auftritt erreichen will und wie dabei vorgegangen wird.

Das zu erreichende Ziel ist die Prägung einer positiven Employer Brand durch authentische Einblicke in den Arbeitsalltag und einen offen geführten Dialog mit der Zielgruppe mit dem Bestreben, die Qualität sowie Quantität der eingehenden Bewerbungen auf Ausbildungsplätze zu steigern.

Im Social Web gelten das Zuhören und Beobachten als die grundlegenden erfolgsbestimmenden Faktoren. Nur wenn DACHSER seiner Zielgruppe dort begegnet, wo sie sich ohnehin schon befindet, kann eine SoMe-Aktivität im HR erfolgreich sein. Essenziell für den Erfolg ist, dass die Zielgruppe das Interesse an den angebotenen Informationen bestätigt. Erst durch eine Interaktion stellen sich ein viraler Effekt und ein Erfolg ein.

Als Grundlage der AM-Strategie im Social Web dient das F-A-C-E-Konzept, dessen Bezeichnung auf die Worte **F**ollow, **A**ttract, **C**ommunicate und **E**ngage zurückgeht:[289]

---

[289] Vgl. Bernauer, D. et al. (2011), S. 115 f.

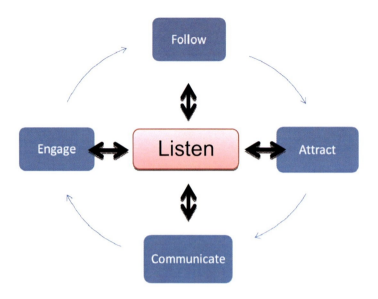

Abbildung 21: Das F-A-C-E-Konzept, Quelle: Eigene Darstellung (2012), nach Bernauer, D. et al. (2011), S. 116

Nur wer seine Zielgruppe identifiziert und die von ihr frequentierten Kanäle gefunden hat und wer weiß, worüber sie spricht und was sie interessiert (Follow), hat auch die Möglichkeit, ihre Aufmerksamkeit auf die eigenen Inhalte zu lenken (Attract). Werden die gewonnenen Informationen richtig eingesetzt und die Aufmerksamkeit erregt, kann der Dialog mit der Zielgruppe beginnen (Communicate). Inhalte werden geteilt und Fragen oder Reaktionen der Community werden beantwortet.

Der einmal begonnene Dialog führt zu weiteren Interaktionen und einem viralen Effekt, bei dem der Follower aus der Zielgruppe zum Multiplikator für andere Fans und Freunde wird. Im günstigsten Fall ist der geführte Dialog die erste Vorbereitung für einen im Anschluss stattfindenden Bewerbungs- und Einstellungsprozess, welcher mit der Vergabe eines Ausbildungsplatzes endet (Engage).

Listen, also das Zuhören, ist über den ganzen Prozess hinweg immer wieder die zentrale Aufgabe, ohne die der Einsatz von SoMeCo fruchtlos wird.

Die Ausarbeitung einer SoMe-Strategie schützt vor planlosen und unüberlegten Handlungen und dient somit der Risikovorbeugung und der Erfolgsbegünstigung; dennoch existiert in 70 %

der Unternehmen, die sich im Social Web engagieren, keine unternehmensweite SoMe-Strategie.[290]

5.2.2 Social Media Lead und Kanäle

Aus der SoMe-Strategie leiten sich, unter Fokussierung der Zielgruppe, die am besten geeigneten Kanäle zur zielgruppenindividuellen Ansprache ab. Als Resultat der im vorangegangenen Kapitel analysierten SoMe-Tools fällt hierbei die Entscheidung von DACHSER auf die Nutzung einer Karriere-Fanpage, welche auf Facebook geschaltet wird.

Einer der wesentlichen Gründe, die die Entscheidung zugunsten von Facebook beeinflusst haben, ist die hohe Repräsentanz der Zielgruppe unter den Facebook-Usern: Zwei von drei Schulabgängern sind aktive User. Zwar steht beim Großteil dieser die private Nutzung des Dienstes an vorderster Stelle, Studienergebnisse[291] zeigen jedoch, dass berufliche Zwecke hier ebenfalls eine, wenn auch untergeordnete, Rolle spielen.

Das Posten von Inhalten, insbesondere von mit Bildern unterlegten Kurzberichten, vermittelt den Fans der Seite einen ersten authentischen Einblick in die DACHSER-Arbeitswelt und zeigt Schülern die vielfältigen Tätigkeitsbereiche eines internationalen Logistikdienstleisters auf.

Die Inhalte der Fanpage werden von derzeitigen Azubis sowie vereinzelt von Studenten oder Mitarbeitern aus den Abteilungen generiert. Das Motto „Von Azubis für Azubis" schafft Glaubwürdigkeit und wirkt besonders attraktiv auf Schulabgänger. Darüber hinaus führt dies innerbetrieblich zu einer Stärkung der Teamfähigkeit von Azubis und einer Erhöhung des Zugehörigkeitsgefühls. Ein weiterer Nebeneffekt ist, dass sich Azubis wie Mitarbeiter, die sich positiv auf der Fanpage einbringen, generell seltener negativ auf anderen Seiten äußern.

Der Lead des Projekts zur Implementierung einer Facebook-Seite sollte auf einen Mitarbeiter zentralisiert sein, der Rückfragen und den technischen Support übernimmt sowie die Standpunkte von HR und PR vertritt, also als Schnittstelle dieser Bereiche und dem Social Network agiert. Hier finden ebenfalls die kontinuierliche Analyse des Facebook-Einsatzes sowie ein Monitoring aller Inhalte statt. Dies führt zur Neuschaffung des Tätigkeitsfeld SoMe-Management/ Community Management.

Dieser Position kommt vor allem bei der Implementierung eine zentrale Bedeutung zu, denn sie verantwortet den anfänglichen Abgleich des von Azubis generierten Inhalts auf DACHSER-

---

[290] Vgl. IFOK (2009), S. 11
[291] Vgl. BITKOM (2011); sowie IFOK (2009); sowie van Eimeren, B.; Frees, B. (2011)

Konformität. Dieser Abgleich dient den involvierten Azubis zur Entlastung, da sie hierdurch einen sicheren Umgang mit der Materie erlernen und so schon nach kurzer Einarbeitungszeit selbstständig agieren können.

5.2.3 Personalorganisation

Da das ständige Zuhören wichtiger Bestandteil der SoMe-Aktivität ist, ist hierfür auch der höchste Arbeitsaufwand zu erwarten. Hier ist es wichtig, Azubis zu identifizieren, welche gegenüber der SoMe-Kommunikation aufgeschlossen sind und in das Projekt mit eingebunden werden können.

Um die kontinuierliche Pflege des Facebook-Auftritts gewährleisten zu können, empfiehlt sich die Installation einer fünf- bis siebenköpfigen SoMe-Redaktion unterhalb des SoMe-Managers. Diese Redaktion setzt sich aus Azubis der Hauptniederlassung sowie verschiedener Zweigniederlassungen zusammen und nimmt sich mehrmals täglich der eingegangenen Kommentare, Fragen und Anregungen an und leitet diese wenn nötig an Fachbereiche weiter. Die Redaktion nimmt ebenfalls Tätigkeitsberichte anderer Azubis entgegen und sorgt für deren Platzierung auf der Fanpage. Im Idealfall werden Azubis von Vorgesetzten schon ab dem ersten Tag für das Einreichen von Kurzberichten begeistert. Ein weiterer zentraler Bestandteil der Redaktionstätigkeit ist die Vermittlung von Interessenten an Azubis in den Niederlassungen der gewünschten Ausbildungsregion.

Es ist darauf zu achten, dass die Autoren- und Redaktionstätigkeiten die angegebenen Zeiteinheiten von 3 x 30 bis 3 x 60 Minuten täglich nicht übersteigen und in einem Einsatzplan geregelt sind. Somit werden nur ein bis zwei Azubis am Tag benötigt. Der Einsatzplan wird der Ausbildungsleitung kommuniziert, um Einsätze und Schulungen besser planen zu können. Die Urlaubs- oder Krankheitsvertretung wird von den Azubis selbst geregelt und führt zu einer Steigerung des Verantwortungsgefühls.

Der große Vorteil einer Facebook-Präsenz besteht darin, dass sie dem Bestreben der Generation Y, sich einzubringen, entgegenkommt. So werden Azubis auch am Wochenende die DACHSER-Seite besuchen und auf Kommentare sowie Anfragen bestmöglich reagieren. Dieses Verhalten der Community verstärkt den viralen Effekt und führt zu einer noch kürzeren Reaktionszeit.

5.2.4 Social Media Analyse & Monitoring

Die Minimierung vermeidbarer Risiken sowie die Erzielung von mehr als nur zufälligen Erfolgen machen die SoMe-Analyse und das Monitoring zu immer wichtigeren Aspekten der Arbeit im Social Web.

Am Beginn der Aufnahme der Tätigkeit bei DACHSER steht die SoMe-Analyse. Sie ermöglicht das analytische Erfassen von zielgruppenrelevanten Themen und Fragestellungen und lenkt die Aufmerksamkeit der zuständigen Mitarbeiter auf diese wesentlichen Inhalte.[292]

Die Aufbereitung nachfolgender Fragen ist zentraler Bestandteil der Analyse:

- Welches sind die diskutierten Themen?
- Lassen sich Rangfolgen in der Bedeutung der Themen erkennen?
- Sind Sub-Zielgruppen innerhalb der Zielgruppe zu identifizieren?
- Wer sind die Meinungsführer einzelner Kanäle?

Die identifizierten Daten verschaffen einen Überblick über die Einschätzungen der Zielgruppe bezüglich der Arbeitgeber und den mit ihnen verbundenen Karriereversprechungen. Aus den analysierten Teilbereichen werden Zielgruppenprofile und ihre Entscheidungswege abgeleitet und das aktuelle Standing von DACHSER in der Zielgruppe ermittelt, hierdurch werden Ansatzpunkte zur Kommunikation herausgebildet.[293]

Das Resultat der Analyse ist die Aufnahme der Ist-Position des Arbeitgebers und der Zielgruppe. Dies bildet die Grundlage der SoMe-Strategie.

Während die Analyse zu Beginn der SoMeCo getätigt wird, ist das SoMe-Monitoring eine die SoMe-Aktivität kontinuierlich begleitende Tätigkeit. Dabei beinhaltet das Monitoring die Beobachtung und Überwachung sowie Auswertung der Diskussionen und Inhalte im Social Web.[294]

---

[292] Vgl. Grothe, M. (2011), S. 138 ff.
[293] Vgl. Bernauer, D. et al. (2011), S. 136; sowie Grothe, M. (2010)
[294] Vgl. Hetler, U. (2010), S. 81; sowie Grabs, A.; Bannour, K. (2011), S. 101 f.

Wesentliche Inhalte des SoMe-Monitorings sind:

- Auswertung der Diskussionen der Zielgruppe

- Aufzeichnung von Veränderungen und Trends

- Identifikation und Verdichtung von Aussagen über DACHSER

Somit beschreibt der erarbeitete Monitor eine regelmäßige Darstellung aktueller Entwicklungen zu bedeutenden und zielgruppenrelevanten Themen im Social Web.

Das monatliche Monitoring, wie es von Grothe fälschlicherweise favorisiert wird, reicht zur erfolgreichen Prognostizierung von Trends jedoch bei Weitem nicht aus. Für DACHSER muss das Monitoring vielmehr ein fester Automatismus des laufenden Prozesses sein. Somit wird aus der reinen Momentaufnahme eine kontinuierliche Beobachtung und Einschätzung des gesamten Social Webs.

Durch diese Einschätzungen gelingt es DACHSER, den Kontrollverlust im SoMe bestmöglich zu begrenzen. Zwar muss weiter die limitierte Fähigkeit des Agenda Settings akzeptiert werden, doch lassen sich Trends und Entwicklungen frühzeitig aufgreifen und die Bedeutung neuer Themen lässt sich besser einschätzen.[295]

Zur Führung eines effektiven Monitorings stehen für nahezu alle Tätigkeiten in den Social Networks Kennzahlen bereit, auf die DACHSER zur Erfolgsmessung zurückgreifen kann. Im HR-Bereich ist jedoch eine besondere Sorgfalt in der Auswahl der Kennzahlen erforderlich. So ist der Einsatz bekannter Marketing-Kennzahlen wie die Anzahl der Unique-User, also die Anzahl der Personen, die die DACHSER-Facebookseite aufgerufen haben, oder der heruntergebrochene Cost per Fan nur bedingt aussagekräftig. Das liegt hauptsächlich daran, dass die Schaffung eines Dialogs mit der Zielgruppe im Vordergrund steht.[296]

Hier stößt die Bedeutung der klassischen Medien-Kennzahl „Reichweite" an ihre Grenzen, denn die Qualität der Fans ist wichtiger als die Quantität.[297] Oft ist eine Fanpage mit 1.000 interagierenden und aktiv mitgestaltenden Fans für ein Unternehmen wertvoller als eine Seite mit 100.000 Fans, die weitgehend inaktiv bleiben.

---

[295] Vgl. Schindler, M.; Liller, T. (2012), S. 133; sowie Grothe, M. (2011), S. 141
[296] Vgl. Bernauer, D. et al. (2011), S. 137; sowie Grabs, A.; Bannour, K. (2011), S. 114 f.
[297] Vgl. Holzapfel, F.; Holzapfel, K. (2010), S. 143; sowie Schindler, M.; Liller, T. (2012), S. 135

Zur Bereitstellung von Parametern zur Ermittlung des Erfolgs eines Facebook-Auftritts ist eine Vielzahl von Kriterien zur Messung der Aktivitäten erhoben worden. Diese ermöglichen die Zieldefinition, eine zumindest eingeschränkte Messung des Zielerreichungsgrades und erlauben eine Benchmark-Funktion. Die nachfolgende Abbildung verdeutlicht die maßgeblichen Kriterien zur Erfolgsmessung und veranschaulicht, dass keines der Merkmale für sich genommen eine Aussage über die Facebook-Seite treffen kann.[298]

Abbildung 22: Social Media Messkriterien, Quelle: Holzapfel, F.; Holzapfel, K. (2010), S. 149

- **Return on Engagement:** Zeit, die ein User für die Interaktion investiert.

- **Return on Participation:** Zeit, die sich DACHSER aktiv beteiligt.

- **Return on Involvement:** Grad der User-Interaktion, anhand vorgegebener Richtskala.

- **Return on Attention:** Die Response-Quote der User auf Einzel-Aktionen.

- **Return on Trust:** Die Weiterempfehlung der User durch das Teilen von Inhalten.

- **Return on Involvement (ROI):** Intensität, mit der sich User mit dem Inhalt auseinandersetzen.

Diese Kriterien sind zwar messbar, jedoch ermöglichen sie es kaum, einen wahren „Return on Investment" zu berechnen. Zur Bestimmung dieses ROI werden bei DACHSER konkrete Ziele und Kriterien, die Optimierungspotential aufweisen, betrachtet. Eine Auswahl könnte wie folgt lauten:

---

[298] Vgl. Holzapfel, F.; Holzapfel, K. (2010), S. 148 ff.

- Anzahl der Fans
- Anzahl und Qualität der Kommentare
- Anzahl und Qualität eingegangener Bewerbungen
- Steigerung des Traffics auf der Corporate-Karriere-Homepage
- Anzahl der Links im Web, die auf den SoMe-Auftritt verweisen
- Anzahl der geteilten Inhalte und Likes
- Anzahl der über Facebook weitergeleiteten Besucher der Karriere Homepage

Im Anhang werden die Analyse-Tools von Google als auch von Facebook veranschaulicht und ein Ranking der erfolgreichsten Facebook-Seiten nach verschiedenen Kriterien präsentiert.[299]

5.2.5 Aktionsplan für den Krisenfall

Die aktive Teilnahme an Facebook und anderen Social Networks kann auch seine Schattenseite haben. Die Offenheit und Transparenz, die ein Unternehmen sich auferlegt, kann sich schnell ins Negative umkehren und von Fans und Followern kann eine Welle der Entrüstung ausgehen. Jahrelang mühevoll aufgebaute Communities und ein positives Image können in kurzer Zeit durch ungeschickte Äußerungen oder unkluge Handlungen schwer beschädigt werden.

Die in Kapitel 4.5.3 vorgestellten Beispiele haben alle eine Gemeinsamkeit aufgezeigt: Die Community lässt sich nicht kontrollieren und ein Krisenfall kann nie gänzlich ausgeschlossen werden. Jedes Unternehmen ist immer in der einen oder anderen Weise angreifbar.[300]

Für DACHSER sind die zentralen Ansatzpunkte sicherlich kritische Stimmen zu:

- Umweltbelastung und Verschmutzung durch LKW-Verkehr
- Verstopfte Straßen durch den generell hohen LKW-Verkehr

Darüber hinaus sind aber auch andere Szenarien, wie Angriffe nach Verkehrsunfällen, Reaktionen auf betriebsbedingte Kündigungen oder kritische Berichte aus der Branche und über Partner mögliche Auslöser für Empörung.

---

[299] Vgl. Anlage 27: Analyse und Monitoring Tools; sowie Anlage 17: Facebook: Ranking der Karrierepages März 2012 (Auszug Top 100)
[300] Vgl. Grabs, A.; Bannour, K. (2011), S. 116

Im Social Web mündet dieser Protest schnell in einen Shitstorm, der sich auch auf der Karriere-Facebook-Seite entlädt. Der Streisand-Effekt hat gezeigt, dass unbedachtes Handeln diesen Vorgang noch zusätzlich befeuern kann.

Trotz dieses chronischen Risikos haben nur 30 % der im Social Web engagierten Unternehmen eine Krisen-Strategie.[301] Um die Facebook-Seite von DACHSER zum Erfolg zu führen, ist es essenziell, eine Vorkehrung auch für den Worst Case zu treffen.

Zwar ist es entscheidend, die Anwender innerhalb des Unternehmens durch verschiedene Szenarien mit den Formen einer Krise vertraut zu machen, jedoch ist es gänzlich unmöglich, einen Plan für jedes Szenario zu entwickeln.

Die Krisenkommunikation muss im selben Maße flexibel sein, wie die Kommunikation im Social Web an sich. Daher ist an Stelle eines statischen Korsetts aus Verhaltensvorgaben eine für alle Fälle geltende Auflistung der Gebaren, die unbedingt vermieden werden sollen, zielführender.[302]

Für DACHSER sind es die nachfolgend aufgezählten Verhaltensweisen, die es in jedem Fall zu vermeiden gilt:[303]

- Kritiker ignorieren oder nicht ernst nehmen
- Kritiken löschen
- Juristisches Vorgehen gegen Kritiker oder die Androhung desselben
- Verleugnen von nachweisbaren Tatsachen
- Den Kritik verursachenden Inhalt entfernen

So wie die in der Strategie beschriebene Ausarbeitung und Kommunikation von SoMe-Guidelines[304] an alle Mitarbeiter schon zu Beginn des Arbeitsverhältnisses die Beschäftigten grundsätzlich im privaten Umgang mit SoMe-Tools sensibilisieren soll, so ermöglicht es die Erstellung eines Facebook-Knigges[305], die Azubis und Mitarbeiter, welche in direkten Kontakt mit der Arbeit an der Karriere-Seite stehen, auf korrektes Verhalten aufmerksam zu machen und sie in diesem zu bestätigen.

---

[301] Vgl. IFOK (2009), S. 10 f.
[302] Vgl. Schindler, M.; Liller, T. (2012), S. 152 f.
[303] Vgl. Hettler, U. (2010), S. 135; sowie Schindler, M.; Liller, T. (2012), S. 159; sowie Bernauer, D. et al. (2011), S. 157 f.
[304] Vgl. Anlage 15: Social Media Guidelines der DACHSER GmbH & Co. KG
[305] Vgl. Anlage 28: Facebook-Knigge

Dem Guideline als auch dem Facebook-Knigge kommt somit in der Prävention von Krisenfällen eine besondere Bedeutung zu.

6 Zusammenfassung der Ergebnisse und Ausblick

6.1 Zusammenfassung

Im Folgenden werden die Ergebnisse des Buches, welche nicht nur in der Analyse von SoMe-Tools, sondern auch in der Erarbeitung einer Strategie zur Nutzung dieser Tools im Azubi-Recruiting bestehen, zusammengefasst:

Die Bedeutung der SoMeCo im AM wurde durch die Analyse der Generation Y und der Betrachtung des demografischen Wandels erkannt. Nach Maßgabe der Prinzipien des Web 2.0 wurden SoMe-Tools identifiziert und vorgestellt und auf ihre Tauglichkeit für das PM von DACHSER analysiert.

Unter Einbeziehung aller dargelegten Chancen und Risiken und der Betrachtung von Negativbeispielen erhielt die auf Facebook platzierte „Von Azubis für Azubis"-Karrierepage besondere Bedeutung. Ausschlaggebend hierfür waren nachfolgend genannte Punkte:

- Hoher Anteil der Zielgruppe vertreten (70 % tägliche User)
- Transparenz und Authentizität
- Chance zu offenen Dialogen auf Augenhöhe mit dem Bewerber
- Schaffung von Mehrwerten durch Mix an Angeboten auf der Karrierepage
- Steigerung der Motivation von Azubis und deren Zugehörigkeitsgefühl

Aufbauend auf der Analyse der SoMe-Tools können nachfolgende Schritte zur Implementierung dieser im Azubi-Recruiting bei DACHSER identifiziert werden:

- Identifikation der Zielgruppe von Schulabgängern

- Erarbeitung einer SoMe-Strategie unter dem Aspekt des F-A-C-E-Konzepts

- Bestimmung von Facebook als primärem SoMe-Kanal

- Gliederung der Personalorganisation in einen Community-Manager und eine von Azubis geführte SoMe-Redaktion

- Gründliche SoMe-Analyse als Ausgangspunkt der SoMe-Aktivitäten

- Kontinuierliches SoMe-Monitoring während des gesamten Prozesses der Online-Kommunikation sowie eine daraus resultierende Messung des Erfolgs anhand festgelegter Kennzahlen

- Erarbeitung eines Facebook-Knigges sowie eines Plans zur Krisenkommunikation

6.2 Ausblick

Abschließend soll dieser Ausblick einige Möglichkeiten des zukünftigen Umgangs mit SoMe darlegen. Vorab ist zu erwähnen, um immer noch kritische Stimmen zur SoMeCo zu besänftigen, es ist nicht davon auszugehen, dass die klassischen Medien von den neuen vollständig verdrängt werden. Viel eher agieren diese ergänzend miteinander.[306]

In absehbarer Zeit wird sich der Fokus der SoMe-Ansprache von der Generation Y auf ein immer breiteres Publikum ausdehnen. Schon heute ist die Gruppe der Silver Surfer die am stärksten wachsende auf Facebook. Diese Entwicklung ermöglicht es, die SoMe-Aktivitäten auf Karrierepages anderer Zielgruppen zu erweitern.

Ein Wandel von Facebook bezüglich des Datenschutzes ist nicht zu erwarten. Um eine aus diesem Sachverhalt resultierende Beendigung oder Einschränkung der Facebook-Nutzung zu Personalmarketing-Zwecken kompensieren zu können, sollten frühzeitig alternative Kommunikationsformen gefunden werden. Hier ist die Erstellung eines Blogs[307], aufbauend auf der schon gewonnenen Community in Facebook, das geeignetste Mittel, da die Bekanntmachung neuer Blog-Einträge sowohl über die aktuelle Facebookpage als auch über eventuell neue Netzwerke kommuniziert werden kann.

Kritisch muss jedoch die Akzeptanz der Mitarbeiter und Führungskräfte bei der Implementierung von SoMe betrachtet werden. Das mit SoMe erzeugte und für die SoMe-Nutzung vorausgesetzte Mehr an Transparenz stellt einen wesentlichen Wandel in der Kommunikationspolitik des Unternehmens dar und bedarf einer kontinuierlichen Beteiligung aller Mitarbeiter. Der skeptischen und teilweise ablehnenden Haltung mancher Angestellten muss begegnet und diese bestmöglich entkräftet werden. Dem ausdrücklichen Wunsch vereinzelter Mitarbeiter und Azubis, von einer Berichterstattung auf Facebook ausgenommen zu werden, ist in jedem Fall Folge zu leisten. Die offene und ehrliche Kommunikation über die Grenzen des Unternehmens hinaus gelingt nur, wenn Betroffene zu Beteiligten werden, um als Beteiligte aktiv an der Gestaltung einer positiven Employer Brand zu partizipieren. Dies ist nur in einer zwangsfreien und die informationelle Selbstbestimmung von Mitarbeitern akzeptierenden Atmosphäre möglich.

Langfristig ist der Zielpunkt der Integration von SoMe in die Unternehmensstrategie die Schaffung eines internen Social Networks. Dieses fördert den Austausch der Mitarbeiter, auch niederlassungsübergreifend, und führt so zur besseren Informationsdistribution. Durch die Freischaltung der zukünftigen Mitarbeiter zu diesem Netzwerk, ab Zugang der Zusage, erhalten

---

[306] Vgl. Bernauer, D. et al. (2011), S. 47

diese schon vor Beginn des Arbeitsverhältnisses Informationen aus dem Unternehmen und lernen ihre zukünftigen Kollegen kennen. Dies führt zu einer höheren Bindung der Mitarbeiter und senkt die Quote derer, die trotz Zusage einen Arbeitsplatz nicht antreten.

Im Bereich des AM ist diese Plattform geeignet, Azubis schon vor dem ersten Arbeitstag mit der Unternehmensphilosophie und internen Gepflogenheiten vertraut zu machen oder erste Online-Schulungen durchzuführen. Dies führt dazu, dass die zukünftigen Azubis schon soweit vorbereitet werden können, dass sie ohne lange Einlernphase in das Unternehmen integriert werden können.

---

[307] Vgl. Anlage 29: 10 Gründe für den Corporate Blog anstelle der Facebook-Seite

Quellenverzeichnis

Accenture Karriere (2012) Facebook-Karrierepage Accenture, http://www.facebook.com/#!/accenturekarriere, abgerufen am 17.06.2012.

Ahlers, Peter / Laick, Steffen (2011)
Identifikation und Evaluation von Talenten der Generation Y, in: Personalmanagement von Millennials – Konzepte, Instrumente und Best-Practice-Ansätze, (Hrsg.: Klaffke, M.), Wiesbaden, S. 95-114.

Alby, Tom (2008) Web 2.0 – Konzepte, Anwendungen, Technologien, 3. Aufl., München.

Allfacebook.de (2009) Schlagabtausch Xing versus Facebook, http://allfacebook.de/zahlen_fakten/xing-fb, abgerufen am 19.06.2012.

Andratschke / Regier / Huber (2009)
Employer Branding als Erfolgsfaktor: Eine conjoint-analytische Untersuchung, (Hrsg.: Gierl, H. et al.), Köln.

Beck, Christoph (2008) Personalmarketing 2.0: Vom Employer Branding zum Recruiting, Köln.

Becker, Manfred (2010) Personalwirtschaft: Lehrbuch für Studium und Praxis, Stuttgart.

Benoit, David (2012)	Facebook Lands Instagram: The Social Network's View on Deals, http://blogs.wsj.com/deals/2012/04/09/facebook-lands-instagram-the-social-networks-view-on-deals/, abgerufen am 10.05.2012.
Bernauer, Dominik et al. (2011)	Social Media im Personalmarketing: Erfolgreich in Netzwerken kommunizieren, Köln.
Berners-Lee / Hendler / Lassila (2001)	Scientific America. The Semantic Web, http://semanticcommunity.info/@api/deki/files/4686/=10.1.1.115.9584.pdf, abgerufen am 17.05.2012.
BernetBlog.ch (2012)	Was ist eigentlich …: kununu? http://bernetblog.ch/2012/05/02/was-ist-eigentlich-kununu/, abgerufen am 16.05.2012.
Bertelsmann (2012)	Twitter-Account Bertelsmann Creat Your Own Career, www.twitter.com/#!/BertelsmannCYOC, abgerufen am 17.06.2012.
BITKOM (2011)	Soziale Netzwerke – Eine repräsentative Untersuchung zur Nutzung sozialer Netzwerke im Internet, Berlin.
BITKOM (2012)	Social Media in deutschen Unternehmen, Berlin.
Blogger (2012a)	www.blogger.com, abgerufen am 30.05.2012.
Blogger (2012b)	http://www.blogger.com/features, abgerufen am 31.05.2012.
BMW Karriere (2012)	Facebook-Karrierepage BMW, http://www.facebook.com/bmwkarriere, abgerufen am 17.06.2012.
Bosch Karriere (2012)	Facebook-Karrierepage Bosch, http://www.facebook.com/#!/BoschKarriere, abgerufen am 17.06.2012.

Brickwedde, Wolfgang (2007) Mit Employer Branding den War for Talents gewinnen - Entwicklung eines weltweiten Employer Brandings bei Philips, in: Personalkommunikation: Recruiting! – Mitarbeiterinnen und Mitarbeiter gewinnen und halten, (Hrsg.: Schelenz, B.), Erlangen, S. 212-227.

Bruckner, Carolin (2007) Talent Relationship Management – Ein innovatives Instrument der Beziehungspflege zu High Potentials im Personalmarketing, Saarbrücken.

Buchhorn, Eva / Werle, Klaus (2011)
Die Gewinner des Arbeitsmarkts, http://www.spiegel.de/karriere/berufsstart/0,1518,766883-2,00.html, abgerufen am 08.05.2012.

Bundesagentur für Arbeit (2012)
Ausbildungsmarkt im April: Presse Info 043/2012, http://www.arbeitsagentur.de/nn_172998/Dienststellen/RD-SAT/Erfurt/AA/Presse/Presseinformationen/2012/PI-043-Ausbildungsmarkt,mode=print.html, abgerufen am 22.05.2012.

Bundesinstitut für Berufsbildung – BIBB (2011)
Datenreport zum Berufsbildungsbericht 2011 – Informationen und Analysen zur Entwicklung der beruflichen Bildung, Bonn.

Bundeskanzlerin (2012)
http://www.bundeskanzlerin.de/Webs/BK/De/Homepage/home.html, abgerufen am 30.04.2012.

Bundesvereinigung Logistik (BVL) e.V. (2012)
Arbeitgeber mit Zukunft – der Wirtschaftsbereich Logistik: Eine Umfrage der Bundesvereinigung Logistik (BVL) e.V. Management Summary, Bremen.

Burson-Marsteller (2011) Global Social Media Checkup, in: 2012 Trendbuch Personalentwicklung – Ausbildung, Weiterbildung, Management Development (Hrsg.: Schwuchow, K.; Gutmann, J.), Köln.

Buschbacher, Josef (2012) Web 2.0 und Social Media zur Personalgewinnung, Seminar der MFG Innovationsagentur für IT und Medien Baden-Württemberg, Stuttgart, 26.01.2012.

Busemann, Katrin / Gscheidle, Christoph (2011)
Ergebnisse der ARD/ZDF-Onlinestudie 2011: Web 2.0. Aktive Mitwirkung verbleibt auf niedrigem Niveau, in Media Perspektiven, Heft 7-8/2011, S.360-369.

Capgemini Consulting (2011)
HR-Barometer 2011: Bedeutung, Strategien, Trends in der Personalarbeit – Schwerpunkt: Organisationsdesign und –entwicklung, München.

Clausen, Lars (2007) Netzwerkdichte, in: Lexikon zur Soziologie, (Hrsg. Fuchs-Heinritz, W.), 4. Aufl., Wiesbaden, S. 456-457.

Clipfish (2012) www.clipfish.de, abgerufen am 16.052012.

DACHSER (2010) Mein Stück DACHSER – Die DACHSER-DNA, Stand 03/2010, (Hrsg.: DACHSER GmbH & Co. KG), Kempten.

DACHSER (2011) Social Media Codex – Online Communications, Stand 06/2011, (Hrsg.: DACHSER GmbH & Co. KG), Kempten.

DACHSER (2012a) Telefongespräch mit Susanne Klotz, (Personalentwicklung national – Corporate Development Human Resources, DACHSER GmbH & Co. KG), am 19.04.2012.

DACHSER (2012b) Persönliches Gespräch mit Heike Jahn (Human Resources Manager – Niederlassung Steißlingen, DACHSER GmbH & Co. KG), am 27.04.2012.

DACHSER (2012c) Telefongespräch mit Dr. Elke Winkler (Head of Human Resources Management – Corporate Development Human Resources, DACHSER GmbH & Co. KG), am 16.04.2012.

DACHSER (2012d) Telefongespräch mit Alexandra Ott (Marketing Communications – Corporate Marketing, DACHSER GmbH & Co. KG), am 04.05.2012.

DACHSER (2012e)	Persönliches Gespräch u. a. mit Sabrina Keller (Customer Service Euronationale Verkehre – Niederlassung Steißlingen, DACHSER GmbH & Co. KG), am 17.05.2012.
Daimler CAReer (2012a)	Facebook-Karrierepage Daimler CAReer, http://www.facebook.com/daimlercareer, abgerufen am 17.06.2012.
Daimler CAReer (2012b)	Twitter-Account Daimler CAReer, www.twitter.com/#!/daimler_career, abgerufen am 17.06.2012.
Dessler, Gary (2010)	Human Resource Management, 12. Aufl., Upper Saddle River, NJ.
Destatis (2011)	Altersentwicklung in Deutschland, http://www.altersvorsorge24.de/fileadmin/bilder/charts_lb/0405_7_AV24_Charts_800px_Logo_ca.png, abgerufen am 22.05.2012.
Deutsche Bahn (2012)	Twitter-Account DB Karriere, www.twitter.com/#!/DBkarriere, abgerufen am 17.06.2012.
Deutscher Knigge-Rat (2010)	Social-Media-Knigge: Freundschaft auf den ersten Klick? Stilvolle Kontaktpflege durch soziale Medien, http://www.knigge-rat.de/themen_social_media.html, abgerufen am 15.06.2012.
DGFP e.V. (2006)	Erfolgsorientiertes Personalmarketing in der Praxis: Konzepte, Instrumente, Praxisbeispiele, Bielefeld.
DIHK (2012)	Ausbildung 2012 – Ergebnisse einer DIHK-Online-Unternehmensbefragung, Berlin.
Dillerup, Ralf / Stoi, Roman (2008)	Unternehmensführung, 2. Aufl., München.
DIS AG (2011)	Social Media @ Human Resource Management – Studie zur Nutzung von sozialen Netzwerken im beruflichen Kontext, http://www.dis-ag.com/dis/Presse/Documents/DIS_AG_Social_Media_Studie_2011.pdf, abgerufen am 21.05.2012.

Donaukurier (2011) Leben und Sterben in Deutschland: Lebendgeborene und Sterbefälle in Deutschland, http://www.donaukurier.de/storage/pic/afp/journal/vm/2071360_1_xio-fcmsimage-20110617171334-006076-4dfb6f1eeb272.photo_1308313200410-1-HD.jpg, abgerufen am 22.05.2012.

Driftmann, Hans-Heinrich (2012)
Ergebnisse der DIHK-Ausbildungsumfrage 2012: Statement von DIHK-Präsident Hans-Heinrich Driftmann zur Pressekonferenz am 8. Mai 2012, http://www.dihk.de/presse/meldungen/2012-05-08-ausbildungsumfrage, abgerufen am 09.05.2012.

Drumm, Hans Jürgen (2005)
Personalwirtschaft, 5. Aufl., Berlin.

Dworschak / Rosenbach / Schmundt (2012)
Planet der Freundschaft, in: Der Spiegel, Heft 19/2012, S. 124-134.

Ebersbach / Glaser / Heigl (2011)
Social Web, 2. Aufl., Stuttgart.

Eisele, Daniela / Doyé, Thomas (2010)
Praxisorientierte Personalwirtschaftslehre – Wertschöpfungskette Personal, 7. Aufl., Stuttgart.

Ende, Werner (1982) Theorien der Personalarbeit im Unternehmen – Darstellung, kritische Würdigung und Vorschläge zu einer Neuorientierung, (Hrsg.: Gaugler, E.; Wächter, H.; Wunderer, R.), Königstein.

Esser, Marco / Schelenz, Bernhard (2011)
Erfolgsfaktor HR Brand: Den Personalbereich und seine Leistungen als Marke managen, Erlangen.

Ethority (2012a)

http://www.ethority.de/uploads/smprisma/de4/smp_de_medium.jpg, abgerufen am 09.05.2012.

Ethority (2012b)	Studie: Top 100 – Die besten Unternehmen bei Wikipedia, http://www.ethority.de/weblog/2012/05/30/wikipedia-top-100-unternehmen-europa/, abgerufen am 05.06.2012.
Facebook (2012)	www.facebook.com, abgerufen am 30.04.2012.
Fasse, Markus (2010)	Logistikkonzern Dachser: Sternstunde mitten in der Krise, http://www.handelsblatt.com/unternehmen/handel-dienstleister/logistikkonzern-dachser-sternstunde-mitten-in-der-krise/3410352.html, abgerufen am 24.05.2012.
Festo (2012)	http://www.ausbildungsblog.de/,abgerufen am 14.05.2012.
Fink, Sonja / Kederer, Judith (2008)	Employer Branding bei Accenture: Beispiele für erfolgreiches Personalmarketing, in Personalmarketing 2.0: Vom Employer Branding zum Recruiting, (Hrsg. Beck, C.), Köln, S. 193-204.
Fröhlich, Werner (2004)	Nachhaltiges Personalmarketing - Entwicklung einer Rahmenkonzeption mit praxistauglichem Benchmarking-Modell, in: Nachhaltiges Personalmarketing – Strategische Ansätze und Erfolgskonzepte aus der Praxis, (Hrsg.: Fröhlich, W.), Frechen, S. 15-49.
Frosta (2012)	http://www.frostablog.de/, abgerufen am 14.05.2012.
Füller, Christian (2011)	Nach dem Pisa-Schock: Zehn Jahre Wirrwarr, http://www.spiegel.de/schulspiegel/wissen/nach-dem-pisa-schock-zehn-jahre-wirrwarr-a-801187.html, abgerufen am 22.05.2012.
Goebel, Wolfgang (2011)	Erfolgreiche Rekrutierung von Millennials durch Perspektiven für Talente, in: Personalmanagement von Millennials – Konzepte, Instrumente und Best-Practice-Ansätze, (Hrsg.: Klaffke, M.), Wiesbaden, S. 115-132.
Google (2012)	www.google.com, abgerufen am 09.05.2012.

Google Analytics (2012)　　　Dashboard by google Analytics, http://emaginewebmarketing.com/blog/emagine/wp-content/uploads/2012/02/analytics.jpg, abgerufen am 16.06.2012.

Grabs, Anne / Bannour, Karim-Patrick (2011)
　　　Follow me! Erfolgreiches Social Media Marketing mit Facebook, Twitter und Co.,Bonn.

Greenpeace (2010)　　　Nestle, Kitkat, Orang-Utans, www.youtube.com/watch?v=ToGK3-2tZz8, abgerufen am 18.06.2012.

Grossman, Lev (2006)　　　You – Yes, You – Are the Time's Person of the year, http://www.time.com/time/magazine/article/0,9171,1570810,00.html, abgerufen am 10.05.2012.

Grothe, Martin (2010)　　　Ausbildungsmarketing: Mit 5e von der Analyse zum Dialog, http://www.complexium.de/2010/10/30/ausbildungsmarketing-mit-5e-von-der-analyse-zum-dialog/, abgerugen am 13.06.2011.

Grothe, Martin (2011)　　　Einblick: Social-Media-Analyse und -Monitoring, in: Social Media im Personalmarketing: Erfolgreich in Netzwerken kommunizieren, (Hrsg.: Bernauer, D. et al.), Köln, S. 138-151.

Gutmann, Joachim; Hüsgen, Jens (2005)
　　　Flexible Arbeitszeit: Wie sie moderne Konzepte und Modelle nutzen, München.

Halberschmidt, Tina (2012)　　　Regierungssprecher Seibert – Ein ganz bisschen wie Obama, http://www.handelsblatt.com/politik/deutschland/regierungssprecher-seibert-ein-ganz-bisschen-wie-obama/6593146.html, abgerufen am 10.05.2012.

Hallo Zukunft! (2012)　　　Hallo, Zukunft! Deine Zukunft in der Logistik, http://www.hallo-zukunft.info/, abgerufen am 25.05.2012.

Handelsblatt (2012a)	Börsengang: Facebook will bis zu 12 Milliarden einstreichen, http://www.handelsblatt.com/finanzen/aktien/neuemissionen/boersengang-facebook-will-bis-zu-12-milliarden-einstreichen/6587766.html, abgerufen am 10.05.2012.
Handelsblatt (2012b)	Xing verzeichnet mehr Mitglieder und Umsatz, http://www.handelsblatt.com/unternehmen/it-medien/business-netzwerk-xing-verzeichnet-mehr-mitglieder-und-umsatz/6629322.html, abgerufen am 16.05.2012.
Hettler, Uwe (2010)	Social Media Marketing – Marketing mit Blogs, Sozialen Netzwerken und weiteren Anwendungen des Web 2.0, München.
Hofmann, Alex (2012)	ProSiebenSat.1 wächst digital, http://www.gruenderszene.de/news/prosiebensat-1-wachst-digital, abgerufen am 16.05.2012.
Hohensee, Matthias (2012)	Brandbeschleuniger Facebook, in: WirtschaftsWoche, Heft Nr. 19, S. 44-47.
Holtbrügge, Dirk (2007)	Personalmanagement, 3. Aufl., Berlin.
Holzapfel, Felix / Holzapfel, Klaus (2010)	facebook – marketing unter freunden: Dialog statt plumpe Werbung, 3. Aufl., Göttingen.
Huber, Melanie (2010)	Kommunikation im Web 2.0, 2. Aufl., Konstanz.
Hünnekens, Wolfgang (2011)	Die Ich-Sender: Das Social Media-Prinzip – Twitter, Facebook & Communitys erfolgreich einsetzte, 3. Aufl., Göttingen.
Hutter, Thomas (2012)	Facebook: Alle Richtlinien auf einen Blick, http://www.thomashutter.com/index.php/2012/05/facebook-alle-richtlinien-auf-einen-blick/, abgerufen am 08.06.2012.
IFOK (2009)	Pluspunkt – Social Media und Personalarbeit: Potenzial erkannt. Und genutzt?, http://www.ifok.de/uploads/media/IFOK_Pluspunkt_SocialMedia_HR.pdf, abgerufen am 30.04.2012.

Kain, Alexander (2012)	Wikinomics, in: Social Media Handbuch: Theorien, Methoden, Modelle und Praxis, (Hrsg.: Schildhauer, T.; Michelis, D.), 2. Aufl., Baden-Baden, S. 162-173.
Kienbaum (2011)	HR-Trendstudie 2011, Gummersbach.
Kil, Maximilian (2011)	Social Media Negativbeispiele: Pleiten, Pech und Pannen im Social Web, http://www.socialmedia.de/social-media-negativbeispiele/, abgerufen am 11.06.2012.
Klaffke, Martin / Parment, Anders (2011)	Herausforderungen und Handlungsansätze für das Personalmanagement von Millenials, in: Personalmanagement von Millennials – Konzepte, Instrumente und Best-Practice-Ansätze, (Hrsg.: Klaffke, M.), Wiesbaden, S. 3-22.
Klobas, Jane (2006)	Wikis: Tools for Information, Work and Collaboration, Oxford.
Knabenreich Consults (2011)	Ausbildungsmarketing & Social Media, Stuttgart.
Koller, Nikolaus (2012)	Bewerbung: Der (kleine) Nutzen von Facebook, http://karrierenews.diepresse.com/home/bewerbungstipps/762156/Bewerbung_Der-kleine-Nutzen-von-Facebook?from=rss, abgerufen am 14.06.2012.
Komus, Ayelt / Wauch, Franziska (2008)	Wikimanagement – Was Unternehmen von Social Software und Web 2.0 lernen können, München.
Kruse, Steffen (2012)	Aktuelle Situation auf dem Fachkräftemarkt für Logistik aus der Sicht eines Personalberaters – Chancen und Risiken, Vortrag von Steffen Kruse, Niederlassungsleiter logistics people (Deutschland) GmbH, Mannheim, im Rahmen des 3. LogBW – Expertenworkshop: Fachkräftemangel Baden-Württemberg: Gründe – Wirkungen – Lösungen, Malsch, 28.02.2012.
Kühne & Nagel (2012)	Twitter-Account Kuehne + Nagel Seafreight, www.twitter.com/#!/KNSeafreight, abgerufen am 17.06.2012.

kununu (2012a)	Join the revolution! kununu.com – Die führende Arbeitgeber-Bewertungsplattform, http://www.kununu.com/info/ueber, abgerufen am 16.05.2012.
kununu (2012b)	www.kununu.com, abgerufen am 16.05.2012.
Kürn, Hans-Christoph (2009)	Kandidaten dort abholen, wo sie sind: Wie das Web 2.0 das Recruiting und Personalmarketing verändert, in: Employer Branding – Arbeitgeber positionieren und präsentieren, (Hrsg.: Trost, A.), Köln, S. 148-155.
Kuster, Tim / Schablitzki, Matthias (2012)	Aufspringen ist Pflicht, in: Personalwirtschaft, Heft Nr. 05/2012, S. 43-45.
Kwoh, Leslie (2012)	Management Trends: Facebook as Crystal Ball; Younger M.B.A. Pool, in: The Wall Street Journal, 22.02.2012, S. 23.
Letzing, John (2012)	Google Ad's seen as more effective than Facebook's, http://blogs.wsj.com/deals/2012/05/15/google-ads-seen-as-more-effective-than-facebooks/?mod=e2tw, abgerufen am 06.06.2012.
Li, Charlene / Bernoff, Josh (2011)	Groundswell – Winning in a world transformed by social technologies, 3. Aufl., Boston, MA.
Liedtke, Walter (2011)	Mitunter mühsam – aber erfolgreich: Speditionen suchen auf vielen Wegen nach neuen Mitarbeitern, in: DVZ Nr. 30, S.13.
LinkedIn (2011)	Recruiting 2.0, http://de.press.linkedin.com/sites/default/files/press-attachments/Linkedin_Whitepaper_Recruiting%202.0.pdf, abgerufen am 22.05.2012.

LinkedInsider Deutschland (2012a)
    Xing vs. LinkedIn 2012, http://linkedinsiders.wordpress.com/2012/05/09/herr-vollmoller-ubernehmen-sie-xing-vs-linkedin-2012/vergleich-mitglieder-xing-und-linkedin-weltweit-und-europa-2012/, abgerufen am 16.05.2012.

LinkedInsider Deutschland (2012b)
    LinkedIn: The next big Xing? – Businessnetzwerke in Deutschland 2012, http://linkedinsiders.wordpress.com/2012/02/12/linkedin-the-next-big-xing-businessnetzwerke-in-deutschland-2012/, abgerufen am 16.05.2012.

Lobo, Sascha (2010)
    How to survive a Shitstorm, http://saschalobo.com/2010/04/22/how-to-survive-a-shitstorm/, abgerufen am 11.06.2012.

LOG.Letter (2011)
    Fachkräftemangel als mögliches Erfolgsrisiko, in: LOG.Letter 11/2011, S. 2.

LOG.M@il (2012)
    6. Ulmer Logistiktag: Fachkräftemangel in der Logistik erst am Anfang, in LOG.M@il Nr. 19.

LogIni HH (2012)
    Logistik Initiative Hamburg – Ein Netzwerk für die Zukunft, http://www.hamburg-logistik.net/, abgerufen am 25.05.2012.

Logistik Heute (2012)
    Karrieremotivation: Was motiviert Logistiker?, http://www.logistik-heute.de/Logistik-Karriere-Wissen/Karrieremotivation/6732/Was-motiviert-Logistiker, abgerufen am 05.06.2012.

Lufthansa (2012)
    Facebook-Karrierepage BeLufthansa, www.facebook.com/belufthansa, abgerufen am 17.06.2012.

Manager Magazin (2009)
    Milliarden-Firmenwert: Twitter bläht sich auf, http://www.manager-magazin.de/unternehmen/it/0,2828,649587,00.html, abgerufen am 10.05.2012.

Manouchehri Far, Shakib (2010)

    Social Software in Unternehmen – Nutzenpotentiale und Adoption in der innerbetrieblichen Zusammenarbeit, in: Reihe: Planung, Organisation und Unternehmensführung (Hrsg. Szyperski, N. et al.), Band Nr. 127, Köln.

Martin, John (2010)   Key Concepts in Human Resource Management, London.

Max-Planck-Institut für Bildungsforschung (2002)

    Pisa 2000: Die Studie im Überblick – Grundlagen, Methoden und Ergebnisse, http://www.mpib-berlin.mpg.de/Pisa/PISA_im_Ueberblick.pdf, abgerufen am 22.05.2012.

MeinVZ (2012)   VZ-Netzwerke – Daten und Fakten, http://www.meinvz.net/l/about_us/1, abgerufen am 15.05.2012.

MFG – Innovationsagetur für IT und Medien (2012)

    Biedere Social-Media-Profile mindern Jobchancen, http://innovation.mfg.de/de/standort/informationstechnologie/internet-multimedia/biedere-social-media-profile-mindern-jobchancen-1.11204, abgerufen am 20.06.2012.

MSNBC (2006)   Google buys YouTube for $1.65 billion, http://www.msnbc.msn.com/id/15196982/ns/business-us_business/t/google-buys-youtube-billion/, abgerufen am 10.05.2012.

MyVideo(2012)   www.myvideo.de, abgerufen am 16.05.2012.

Nielsen (2007)   Nielsen-Studie 2007: Vertrauen in Werbung, http://www.socialcommerce.de/2009/07/29/nielsen-studie-empfehlungen-und-bewertungen/, abgerufen am 14.05.2012.

O'Reilly, Tim (2005)   What is Web 2.0?, http://oreilly.com/web2/archive/what-is-web-20.html, abgerufen am 30.04.2012.

O'Reilly, Tim / Milstein, Sarah (2009)

    Das Twitter-Buch, Köln.

Otto Group (2012a)	Azubiblog der Otto Group, www.ottoazubiblog.de, abgerufen am 17.06.2012.
Otto Group (2012b)	Facebook-Karrierepage Otto Group, www.facebook.com/ottogroupkarriere, abgerufen am 17.06.2012.
Otto Group (2012c)	Twitter-Account Otto Group, www.twitter.com/#!/otto_jobs, abgerufen am 17.06.2012.
Parment, Anders (2009)	Die Generation Y – Mitarbeiter der Zukunft: Herausforderung und Erfolgsfaktor für das Personalmanagement, Wiesbaden.
Pastowsky, Marc (2011)	Innovationspotenziale und Nutzungsaspekte Sozialer Netzwerke für die Personalarbeit, in: Personalmanagement von Millennials – Konzepte, Instrumente und Best-Practice-Ansätze, (Hrsg.: Klaffke, M.), Wiesbaden, S. 53-76.

personalmarketing2null (2012)

Personalmarketingauf Facebook Karriere-Seitenn - Fanwachstum und Interaktion im März 2012, http://personalmarketing2null.wordpress.com/2012/04/08/personalmarketing-facebook-karriere-seiten-fanwachstum-interaktion-maerz-2012/, abgerufen am 16.06.2012.

Pfeiffer, Thomas / Koch, Bastian (2011)

Social Media – Wie Sie mit Twitter, Facebook und Co. Ihren Kunden näher kommen, München.

Pöhling, Anita (2011)	Neues Ausbildungsjahr – Unternehmen buhlen um die besten Azubis, http://www.dvz.de/news/alle-news/artikel/id/unternehmen-buhlen-um-die-besten-azubis.html, abgerufen am 24.05.2012.

Porter / Bingham / Simmons (2007)

Exploring Human Resource Management, Berkshire.

PricewaterhouseCoopers – PwC (2012)
Transport & Logistics 2030 – Volume 5: Winning the talent race, Strategies to help transportation & logistics companies improve their talent management, http://www.pwc.de/de_DE/de/transport-und-logistik/assets/transport-and-logistics-2030.pdf, abgerufen am 24.05.2012.

Qualman, Erik (2009)
Socialnomics. How social media transforms the way we live and do business, Hoboken, NJ.

Recrutainment-Blog (2012a)
Aktuell: Die Karriere-Twitter-Kanäle der Unternehmen im Vergleich, http://blog.recrutainment.de/2012/04/11/aktuell-die-karriere-twitter-kanale-der-unternehmen-im-vergleich/, abgerufen am 05.06.2012.

Recrutainment-Blog (2012b)
Interview mit „Suppenreporter" Robindro Ullah über die Gründe des Erfolgs des Karriere-Twitterkanals der Deutschen Bahn, http://blog.recrutainment.de/2012/04/16/interview-mit-suppenreporter-robindro-ullah-uber-die-grunde-des-erfolgs-des-karriere-twitterkanals-der-deutschen-bahn/, abgerufen am 05.06.2012.

Recrutainment-Blog (2012c)
Fundstück zum Wochenende: 10 Gründe warum ein Corporate Blog besser ist als eine Facebook-Seite, http://blog.recrutainment.de/2012/05/11/fundstuck-zum-wochenende-10-grunde-warum-ein-corporate-blog-besser-ist-als-eine-facebook-seite-2/, abgerufen am 14.06.2012.

Rizzi, Elisabeth (2012)
Die Goldgräber im Internet-Business, http://www.20min.ch/finance/news/story/12044628, abgerufen am 20.06.2012.

Roman Herzog Institut (2007)
Demografischer Wandel: Gehen Deutschland die Arbeitskräfte aus?, http://www.romanherzoginstitut.de/uploads/tx_mspublication/demografischer_wandel.pdf, abgerufen am 22.05.2012.

Roth, Sven (2007)   Arbeiten, wo die Welt sich trifft – die Rekrutierungswege der Fraport AG, in: Personalkommunikation: Recruiting! – Mitarbeiterinnen und Mitarbeiter gewinnen und halten, (Hrsg.: Schelenz, B.), Erlangen, S. 128-143.

Rothstock, Karin (2010)   TOMORROW FOCUS MEDIA – Social Media Effects 2010, http://www.tomorrow-focus-media.de/studien/online-markt/info/social-media-effects-2010/, abgerufen am 15.05.2012.

Sauder, Günter (1992)   Personalmarketing für Auszubildende, In: Strategien des Personalmarketing – Was erfolgreiche Unternehmen besser machen, (Hrsg. Strutz, H.), Wiesbaden, S. 159-170.

Schäfers, Bernhard (2010)   Die Soziale Gruppe, in: Einführung in die Hauptbegriffe der Soziologie, (Hrsg. Schäfers, B.), 8. Aufl., Wiesbaden, S. 129-144.

Schelenz, Bernhard (2007)   Personalkommunikation: Recruiting! – Mitarbeiterinnen und Mitarbeiter gewinnen und halten, (Hrsg.: Schelenz, B.), Erlangen.

Schindler, Marie-Christine / Liller, Tapio (2012)
PR im Social Web – Das Handbuch für Kommunikationsprofis, 2. Aufl., Köln.

Schlautmann, Christoph (2012)
Logistiker schaffen 50000 Jobs, in: Handelsblatt, Nr. 076, S. 4.

Schmidt, Holger (2012)   Social Media: Twitter durchbricht die 4-Millionen-Marke in Deutschland, http://www.focus.de/digital/internet/netzoekonomie-blog/social-media-twitter-durchbricht-die-4-millionen-marke-in-deutschland_aid_740627.html, abgerufen am 15.05.2012.

Schmidtke, Corinna (2002)   Signaling im Personalmarketing – Eine theoretische und empirische Analyse des betrieblichen Rekrutierungserfolges, (Hrsg. Backes-Gellner, U.), Mering.

Scholz, Christian (2000)   Personalmanagement: Informationsorientierte und verhaltenstheoretische Grundlagen, 5. Aufl., München.

Scholz, Christian (2011)   Grundzüge des Personalmanagements, München.

Send, Hendrik (2012)	Die Weisheit der Vielen, in: Social Media Handbuch: Theorien, Methoden, Modelle und Praxis, (Hrsg.: Schildhauer, T.; Michelis, D.), 2. Aufl., Baden-Baden, S. 104-117.
Seng / Fiesel / Krol (2012)	Erfolgreiche Wege der Rekrutierung in Social Networks: Ergebnisbericht der FOM Hochschule für Oekonomie & Management und des KCS KompetenzCentrum für Statistik und Empirie, http://www.fom.de/fileadmin/fom/downloads/Forschungsprojekte/IRW/Ergebnisbericht_Social_Media_Recruiting.pdf, abgerufen am 08.06.2012.
Simmet, Heike (2011)	Social Media in der Speditions- und Logistikbranche – Empirische Trendstudie: Kurzbericht mit den zusammengefassten Ergebnissen einer Befragung von Fach- und Führungskräften aus der Speditions- und Logistikbranche, Bremerhaven.
Simmet, Heike / Peters, Leif (2012)	Überlebenswichtig für die Logistik: Investitionen in soziale Netzwerke, http://hsimmet.com/2012/04/13/uberlebenswichtig-fur-die-logistik-investitionen-in-soziale-netzwerke/, abgerufen am 24.05.2012.
Simon, Hermann et al. (1995)	Effektives Personalmarketing: Strategien – Instrumente - Fallstudien, Wiesbaden.
Social Media Manager (2012)	Der Social Media Spickzettel – Social Media Dienste im Überblick, http://social-media.pr-gateway.de/social-media-spickzettel/, abgerufen am 14.06.2012.
SocialN (2012)	Verzeichnis der Sport-Communities, http://www.socialn.de/sportnetzwerke.php, abgerufen am 15.05.2012.
Sonnberger, Heike (2012)	Bildungsbericht 2012: Lehrlinge gesucht, Bewerber geparkt, http://www.spiegel.de/schulspiegel/berufsbildungsbericht-2012-viele-lehrstellen-unbesetzt-a-832313.html, abgerufen am 10.05.2012.

Statista (2012)	Videoportale – Besucherzahlen in Deutschland im Dezember 2011, http://de.statista.com/statistik/daten/studie/209190/umfrage/beliebteste-videoportale-in-deutschland/, abgerufen am 16.05.2012.
Statistisches Bundesamt (2011)	Demografischer Wandel in Deutschland, Wiesbaden.
Stayfriends (2012)	http://www.stayfriends.de/, abgerufen am 15.05.2012.
Steinhart, Carsten (2012)	Recruiting 2.0 – aktuelle Trends der Personalbeschaffung, Vortrag von Prof. Dr. Carsten Steinhart, der Hochschule Osnabrück, im Rahmen der Personal Messe Süd, Stuttgart, 24.05.2012.
Stiftung Warentest (2010a)	Soziale Netzwerke: Datenschutz oft Mangelhaft, http://www.test.de/Soziale-Netzwerke-Datenschutz-oft-mangelhaft-1854798-1855785/, abgerufen am 08.06.2012
Stiftung Warentest (2010b)	Datenschutz bei Onlinenetzwerken, http://www.test.de/Soziale-Netzwerke-Datenschutz-oft-mangelhaft-1854798-1854999/#, abgerufen am 08.06.2012.
StudiVZ (2012)	www.studivz.de, abgerufen am 30.04.2012.
T3n (2010)	Social Media: Monitoring von Facebook-Fanpages, http://t3n.de/news/social-media-monitoring-facebook-fanpages-268918/, abgerufen am 16.06.2012.
T3n (2011)	Social Media Marketing – Wieviel Zeit benötigen Facebook, Twitter & Co.?, http://t3n.de/news/social-media-marketing-wieviel-zeit-benotigen-facebook-292363/, abgerufen am 12.06.2012.
Tagesschau (2012)	http://www.tagesschau.de/infoservices/podcast/index.html, abgerufen am 30.04.2012.
Tapscott, Don (2008)	Grown Up Digital: how the net generation is changing your world, New York City, NY.
Tchibo (2012)	www.youtube.com/user/tchibo, abgerufen am 05.06.2012.

Trautmann, Gudrun (2012)	Speditionen gehen die Fachkräfte aus, http://www.suedkurier.de/region/kreis-konstanz/steisslingen/Speditionen-gehen-die-Fachkraefte-aus;art372460,5465265, abgerufen am 29.05.2012.
Tripadivsor (2012)	www.tripadvisor.com, abgerufen am 21.05.2012.
Trost, Armin (2009)	Employer Branding, in: Employer Branding – Arbeitgeber positionieren und präsentieren, (Hrsg.: Trost, A.), Köln, S. 13-77.
Trost, Armin (2011)	Wo Personalmarketing per Facebook an Grenzen stößt, http://www.harvardbusinessmanager.de/blogs/artikel/a-740059.html, abgerufen am 08.06.2012.
Twitter (2012)	www.twitter.com, abgerufen am 30.04.2012.
Ullah, Robindro (2011)	Einblick: Twitter @Deutsche Bahn AG, in: Social Media im Personalmarketing: Erfolgreich in Netzwerken kommunizieren, (Hrsg.: Bernauer, D. et al.), Köln, S. 77-82.
Ullrich, Felicia (2012)	Alle sind auf Facebook, und keiner geht hin, in: Personalwirtschaft, Heft Nr. 06/2012, S. 34-35.
Unilever (2012)	Twitter-Account Unilever Deutschland, www.twitter.com/#!/unilever_talent, abgerufen am 17.06.2012.
Van Eimeren, Birgit / Frees, Beate (2011)	Ergebnisse der ARD/ZDF-Onlinestudie 2011: Drei von vier Deutschen im Netz – ein Ende des digitalen Grabens in Sicht?, in Media Perspektiven, Heft 7-8/2011, S.334-349.
Verkehrsrundschau (2012a)	Logistiker befürchten Fachkräftemangel, http://www.verkehrsrundschau.de/logistiker-befuerchten-fachkraeftemangel-1107662.html, abgerufen am 24.05.2012.
Verkehrsrundschau (2012b)	Studie: Mittelständler haben Defizite bei Personalsuche, http://www.verkehrsrundschau.de/studie-mittelstaendler-haben-defizite-bei-personalsuche-1111153.html, abgerufen am 24.05.2012.

Verkehrsrundschau (2012c)　　Logistik Masters, http://www.verkehrsrundschau.de/logistik-masters-1025501.html, abgerufen am 29.05.2012.

Von Eckardstein, Dudo / Schnellinger, Franz (1975)
　　　　Personalmarketing, in: Handwörterbuch des Personalwesens, (Hrsg.: Gaugler, E.), Stuttgart, S. 1592-1599.

Wang, Edgar (2010)　　Personalarbeit im Web 2.0 – Die Welle nimmt Fahrtan, in: Personalwirtschaft, Heft Nr. 03/10, S. 21.

Weigel, Janina / Groß, Michael (2011)
　　　　Einblick: Implementierung einer Karriere-Facebook-Site bei Audi, in: Social Media im Personalmarketing: Erfolgreich in Netzwerken kommunizieren, (Hrsg.: Bernauer, D. et al.), Köln, S. 58-61.

Weigert, Martin (2010)　　Personalmarketing – Web 2.0 für Arbeitgeber, in: Harvard Businessmanager, Heft Nr. 02/10, S. 8-11.

Weinberg, Tamar (2009)　　The new community rules: Marketing on the social web, (Hrsg. Wheeler, C.), Sebastopol, CA.

Weiße, Daniela (2011)　　Rekrutierung der Net Generation: E-Recruiting mit Hilfe von Web 2.0, Hamburg.

Weitzel, Tim et al. (2011)　　Recruiting Trends 2011 – Management-Zusammenfassung, Frankfurt am Main.

Weitzel, Tim et al. (2012)　　Recruiting Trends 2012 – Management-Zusammenfassung, Frankfurt am Main.

Wer-Kennt-Wen (2012)　　Über uns: wer-kennt-wen heute, http://www.wer-kennt-wen.de/static/ueberuns, abgerufen am 15.05.2012.

Wikipedia (2012a)　　Wikipedia, http://de.wikipedia.org/wiki/Wikipedia, abgerufen, am 16.05.2012.

Wikipedia (2012b)　　www.de.wikipedia.org, abgerufen, am 16.05.2012.

Wikipedia (2012c)　　Wikipedia:Statistik, http://de.wikipedia.org/wiki/Wikipedia:Statistik, abgerufen am 16.05.2012

Wikipedia (2012d)	Wikipedia Auftritt BP, www.de.wikipedia.org/wiki/BP, abgerufen am 17.06.2012.
Wind, Dominik / Imme, Jonathan (2011)	1000-Stunden Innovationscamp Palomar5: Millennials bauen ihre Arbeitswelt von morgen, in: Personalmanagement von Millennials – Konzepte, Instrumente und Best-Practice-Ansätze, (Hrsg.: Klaffke, M.), Wiesbaden, S. 23-52.
Windisch, Eva / Medman, Niclas (2008)	Understanding the digital natives – how the new generation will impact your business, in: Ericsson Business Review, Heft 1/2008, S. 36–39, http://www.ericsson.com/ericsson/corpinfo/publications/ericsson_business_review/pdf/108/understanding_digital_natives.pdf, abgerufen am 8.05.2012.
WirtschaftsWoche (2012a)	Ranking: Die beliebtesten Arbeitgeber, http://www.wiwo.de/erfolg/jobsuche/ranking-die-beliebtesten-arbeitgeber/6565138.html, abgerufen am 25.05.2012.
WirtschaftsWoche (2012b)	Infografik der Woche: Deutschland ist (noch) Entwicklungsland in Sachen Twitter, http://blog.wiwo.de/ungedruckt/2012/04/06/infografik-der-woche-deutschland-ist-twitter-entwicklungsland-noch/, abgerufen am 18.06.2012.
Wöhe, Günter (2008)	Einführung in die Allgemeine Betriebswirtschaftslehre, 23. Aufl., München.
Wöhrle, Thomas (2012)	Am 19. April 2012 ist der Tag der Logistik: Logistiker präsentieren ihr Arbeitsumfeld, http://www.dvz.de/news/alle-news/artikel/id/logistiker-praesentieren-ihr-arbeitsumfeld.html, abgerufen am 24.05.2012.
Wolber, Hendrik (2012)	Die 11 Irrtümer über Social Media – Was Sie über Marketing und Reputationsmanagement in sozialen Netzwerken wissen sollten, Wiesbaden.

Wordle (2012)	www.wordle.net, abgerufen am 25.06.2012.
Wordpress (2012)	www.wordpress.org, abgerufen am 31.05.2012.
Xing (2012a)	www.xing.de, abgerufen am 30.04.2012.
Xing (2012b)	http://corporate.xing.com/no_cache/deutsch/unternehmen/xing-ag/, abgerufen am 30.04.2012.
YouTube (2012)	www.youtube.com, abgerufen am 30.04.2012.
Zeit (2012)	Grimme Online Award: Tagesschau-App erhält Publikumspreis, http://www.zeit.de/kultur/2012-06/grimme-online-award-2012-preistraeger, abgerufen am 21.06.2012.
Zuckowski, Elke (2011)	Überzeugen Sie Jetzt! So meistern Sie Ihr Bewerbungsgespräch, Frankfurt am Main.

Zur Jacobsmühlen, Thorsten (2011)

Social Media Report HR 2010, http://www.jacobsmuehlen.de/studie/, abgerufen am 14.05.2012.

Stichwortverzeichnis

B

Blog 33
Business Networks 39

C

Corporate Blog 34, 67

D

DACHSER-DNA 60
Demografischer Wandel 46
 Ausbildungsmarkt 47
 Deutschland 46

F

F-A-C-E Konzept 93
Facebook 39, 70
 Karrierepage 73

G

Generation
 X 51
 Y 51

K

kununu 44, 83

M

Microblog 34

P

Personalmanagement 15
Personalmarketing
 Definition 17
 Entwicklung 21
 externes 18
PISA-Studie 49
Podcast 41, 79
Prozesskette 15

R

Recruitingtrends 54
 Logistik 56
Recruiting-Wiki 84
Recruitment 20

S

Shitstorm 89
Social Media 29
 Analyse 97
 Knigge 102
 Kosten 85
 Krise 101
 Lead 95
 Manager 95
 Monitoring 97
 Redaktion 96
 Risiken 88
 ROI 98
 Strategie 93
Social Network 37

Azubis 106
   intern 105
Streisand-Effekt 88

T

Twitter 34

W

War for Talents 47
Web 2.0 25

Wikipedia 43

X

Xing 40, 77

Y

YouTube 42, 80

Anhang

Anlage 1: Klassifizierung der Tools des Web 2.0

Einordnung der verschiedenen Social Media Tools an Hand der von O'Reilly definierten Prinzipien zur Charakterisierung des Web 2.0.

Quelle: Eigene Darstellung (2012)

Prinzipien	Weblogs	Online Communities	Podcasts	Wikis	Bewertungs-portale
Web als Plattform	X	X	X	X	X
Selbstprogrammierbare Web Services	X	X	X	X	
Kollektive Intelligenz	X	X		X	X
Datenbankmanagement	X	X	X	X	X
Ende der Softwarelebenszyklen		X			X
Grenzenlose Anwendung	X	X	X	X	X
Benutzerführung	X	X	X	X	X

Anlage 2: Beispiele zu Azubi-Blogs

Quelle: Festo (2012)

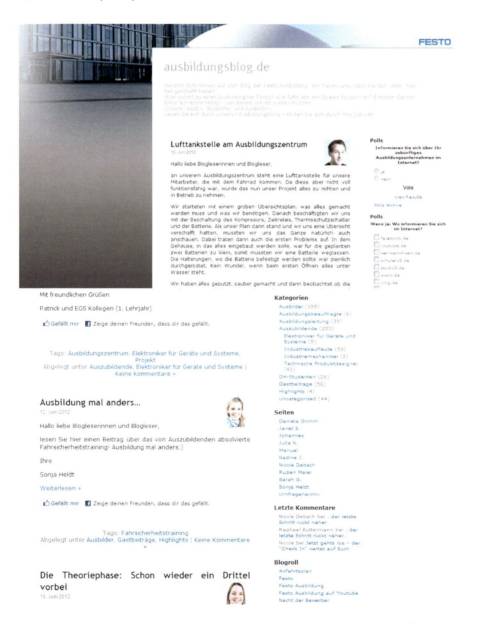

Quelle: Otto Group (2012a)

Anlage 3: Twitter-User in Deutschland und im Vergleich zu anderen Nationen

Quelle: Schmidt, H. (2012)

Im März stieg die Anzahl der Twitter-Aufrufe in Deutschland erstmalig über die Marke von 4 Mio. und noch ist keine Trendwende des stetigen Wachstums in Sicht.

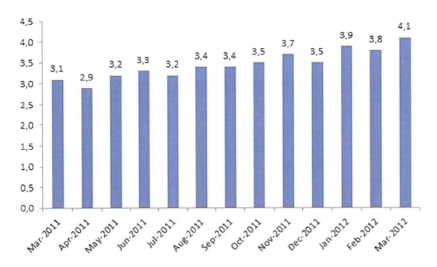

Quelle: WirtschaftsWoche (2012b)

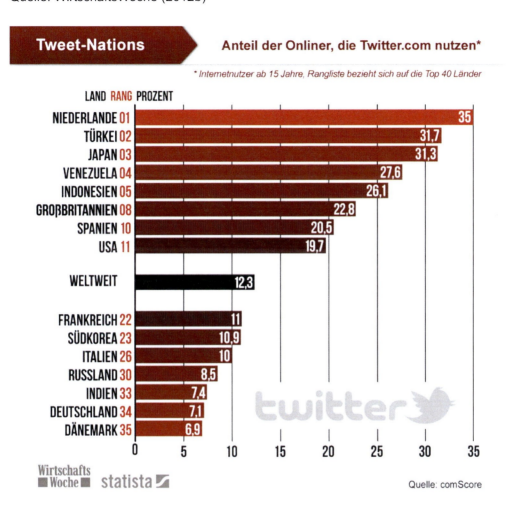

Die Grafik verdeutlicht, dass Deutschland im Vergleich zu anderen twitternden Nationen noch großes Potential im Ausbau der Twitter-User hat.

Anlage 4: Auszüge aus der ARD/ZDF Online-Studie 2011 (I)

Quelle: Busemann, Katrin / Gscheidle, Christoph (2011), S. 366, sowie 368

⑧ Web-2.0-Nutzung 2011 nach Geschlecht und Alter
zumindest selten genutzt, in %

	Gesamt	Männer	Frauen	14-19 J.	20-29 J.	30-39 J.	40-49 J.	50-59 J.	ab 60 J.
Wikipedia	70	72	67	94	86	73	63	59	47
Videoportale (z.B. YouTube)	58	63	51	95	83	65	47	40	23
private Netzwerke u. Communitys*	42	40	43	87	70	45	29	19	10
Fotosammlungen, Communitys	18	17	18	17	25	19	14	13	18
berufliche Netzwerke u. Communitys*	6	7	5	3	8	10	6	5	1
Weblogs	7	8	6	13	14	5	6	4	2
Twitter	3	4	2	7	4	2	2	4	1
Netzwerke insgesamt	43	42	44	87	71	48	31	22	10

* Nutzung unter eigenem Profil.
Basis: Deutschsprachige Onlinenutzer ab 14 Jahren (n=1 319).

⑪ Web-2.0-Nutzung: Gründe für keine/frühere Mitgliedschaft 2011
stimme voll und ganz/weitgehend zu, in %

	Gesamt	Männer	Frauen	14-19 J.	20-29 J.	30-39 J.	40-49 J.	50-59 J.	ab 60 J.
Angst vor Datenmissbrauch	73	70	77	42	65	69	77	79	71
Ich möchte nicht im Internet auffindbar sein	72	69	76	52	71	66	72	77	76
Communitys sind für mich uninteressant/haben keine Vorteile	76	75	77	74	69	71	73	77	84
Ich kenne die Möglichkeiten von Communitys nicht	33	30	36	8	23	23	25	38	54
Ich kenne niemanden, der in einer Community ist	33	33	32	-	15	19	29	39	54
Der Aufwand ist mir zu groß	54	50	58	36	45	52	49	63	59
Ich kommuniziere mit meinen Freunden auf anderen Wegen	94	95	94	71	92	95	95	98	92

Basis: Basis: Deutschsprachige Onlinenutzer ab 14 Jahren (n=1 319); Teilgruppe: Befragte, die kein Profil in einem privaten Netzwerk haben (n=770).

Anlage 5: Auszüge aus der ARD/ZDF Online-Studie 2011 (II)

Quelle: Van Eimeren, Birgit / Frees, Beate (2011), S. 345

⑭ Abruf von Videodateien im Internet 2007 bis 2011 bei 14- bis 19-Jährigen
nach eigenen Angaben, zumindest gelegentlich, in %

	2007	2008	2009	2010	2011
Video (netto) 14-19 J.	80	92	98	96	98
davon:					
Videoportale	69	90	93	95	95
Fernsehsendungen/ Videos zeitversetzt	22	32	36	44	54
live fernsehen im Internet	14	18	27	21	30
Videopodcasts	11	14	8	11	7

Basis: Bis 2009: Deutsche Onlinenutzer ab 14 Jahren (2009: n=1 212, 2008: n=1 186, 2007: n=1 142). Ab 2010: Deutschsprachige Onlinenutzer ab 14 Jahren (2011: n=1 319, 2010: n=1 252)."

Anlage 6: Nutzung der Social Media Plattformen (I)

Quelle: Rothstock, K. (2010)

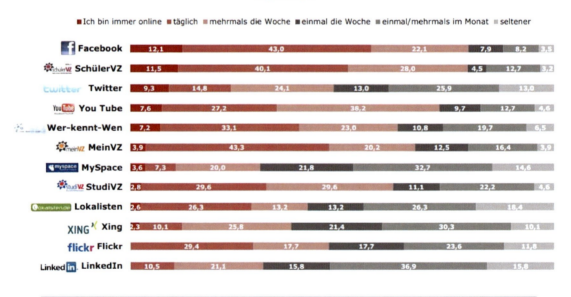

Anlage 7: Nutzung der Social Media Plattformen (II)

Quelle: BITKOM (2011), S. 7

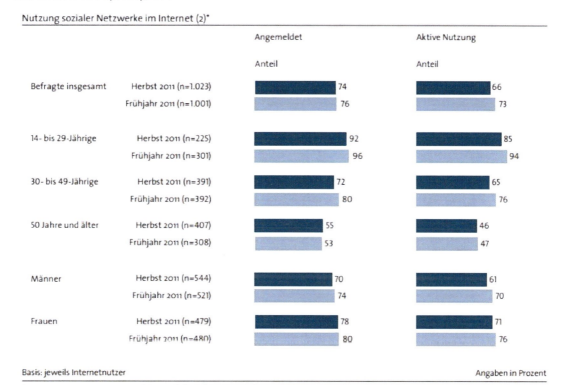

Anlage 8: Vergleich der User von Video-Plattformen in Deutschland

Quelle: Statista (2012)

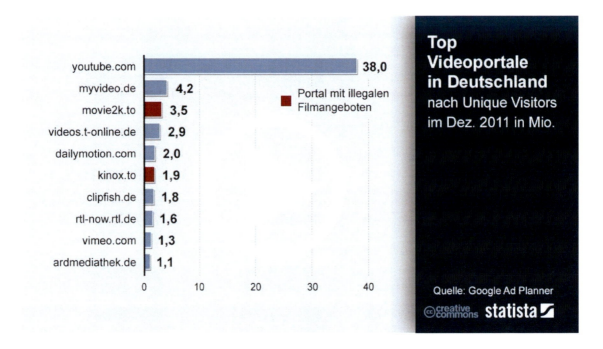

Anlage 9: Wikipedia-Statistiken

Quelle: Wikipedia (2012c)

Artikelwachstum der Deutschen Wikipedia

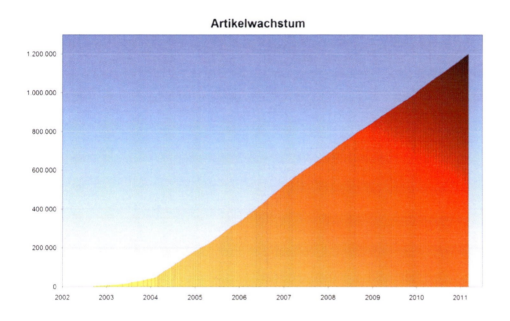

Wie sähe die deutschsprachige Wikipedia in gedruckter Form (ohne Bilder) aus?

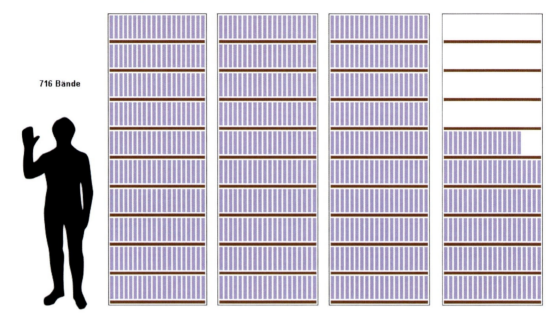

716 Bände

Annahmen und Rechnung:

Ein Band im Brockhaus-Format ist 25 cm hoch und 5 cm dick. Die Seiten umfassen 2 Spalten mit je 80 Zeilen.

Gesamt ergibt das für einen Band 8.000.000 Zeichen oder 1.000.000 Worte oder 1972 Artikel.

Würde man Wikipedia ohne Bilder in Bäden heraus geben führen 1.410.752 Artikel mit 715.251.264 Wörtern und 5.722.010.112 Zeichen zu 716 Bänden.

Anlage 10: Datenreport zum Berufsbildungsbericht 2011

Quelle: Bundesinstitut für Berufsbildung – BIBB (2011)

Die Top 25 der beliebtesten Ausbildungsberufe der Frauen 2010

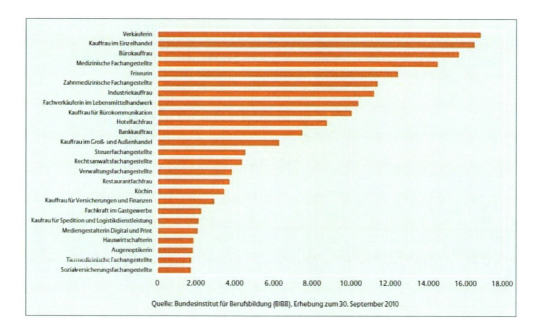

Die Top 25 der beliebtesten Ausbildungsberufe der Männer 2010

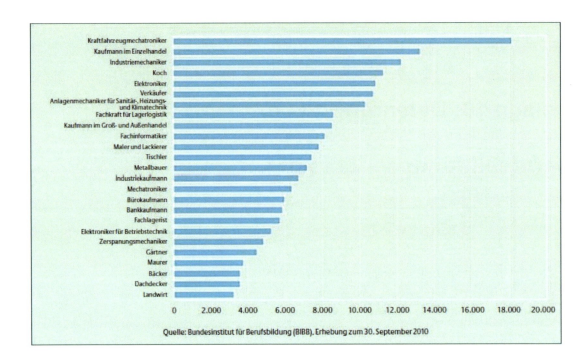

Entwicklung der Anzahl an Schulabgängern graphisch sowie detailliert in tabellarischer Form:

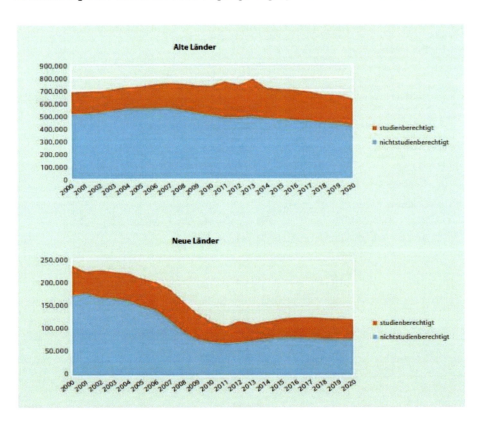

Anlage 11: Ausbildungshemmnisse

Quelle: DIHK (2012), S. 31

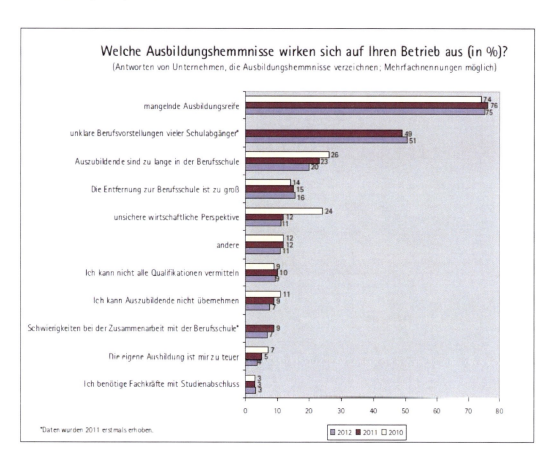

Anlage 12: Entwicklung von Corporate Social Media Auftritten in den Regionen der Erde

Quelle: Burson-Marsteller (2011), S. 9 / S. 22. / S. 24 / S. 29

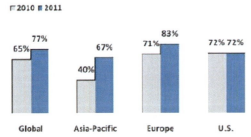

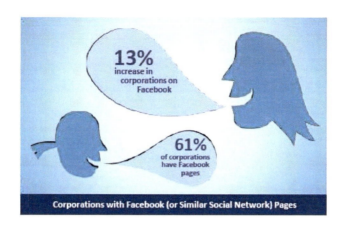

Corporations with Facebook (or Similar Social Network) Pages

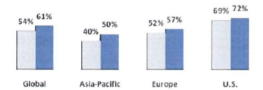

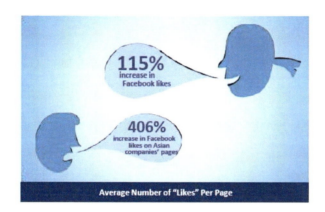

Average Number of "Likes" Per Page

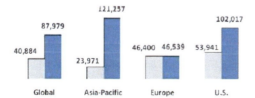

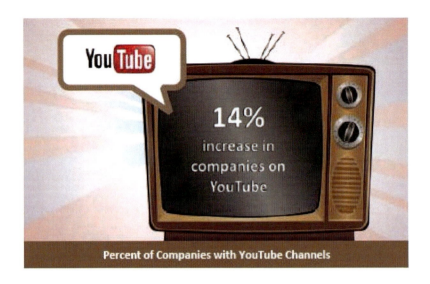

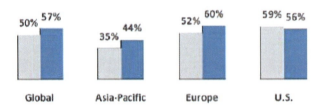

Anlage 13: Auszüge aus der BVL Arbeitgeberumfrage 2012

Quelle: Bundesvereinigung Logistik (BVL) e.V. (2012), S. 2

Anlage 14: Länderübergreifender Vergleich der Gehälter im Speditionsgewerbe

Quelle: PricewaterhouseCoopers – PwC (2012), S. 19

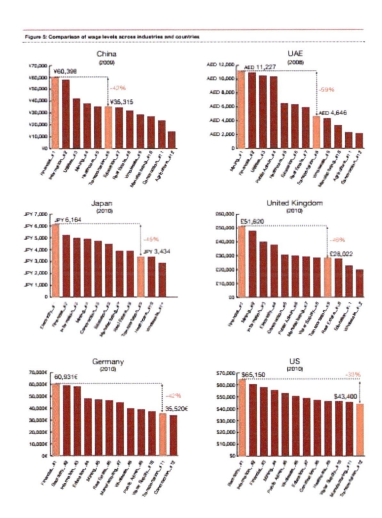

Anlage 15: Social Media Guidelines der DACHSER GmbH & Co. KG

Quelle: Dachser (2011)

Über die Angaben im Text hinaus gilt es zu beachten, dass Richtlinien selbst wenn Sie zu Beginn des Arbeitsverhältnisses kommuniziert werden, rechtlich nicht bindend sind.

Anlage 16: Beispiele zu Karrierepages auf Facebook

Quelle: Accenture (2012)

Die Fanpage von Accenture weißt eine Einbindung der kununu-Bewertung, Gewinnspiele, Regionale Jobangebote sowie iPhone App-Module auf.

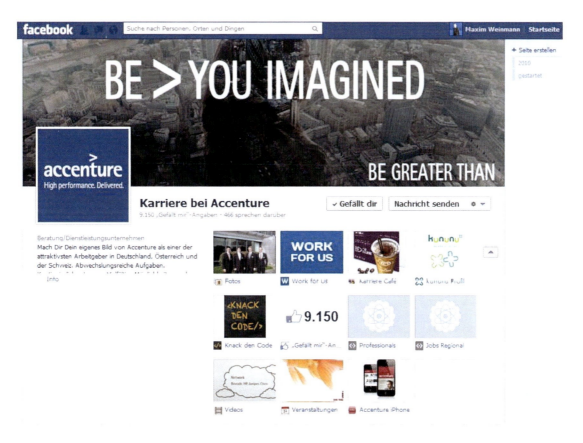

Quelle: BMW Karriere (2012)

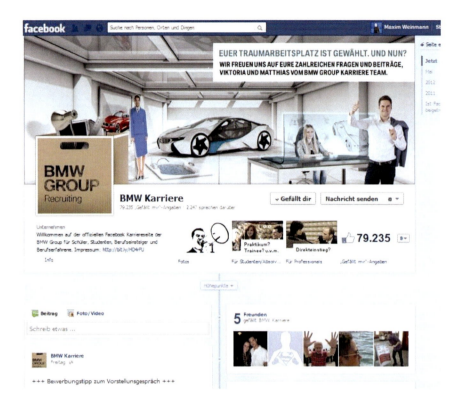

Karrierepage von BMW und nachfolgend Beispiele zur Bearbeitung eingegangener Fragen.

I
Ich will testfahrer bei euch werden :))
Gefällt mir · Kommentieren · Freitag um 11:15

BMW Karriere Hallo I
für Dauererprobungen haben wir einen größeren Werkvertrag mit externen Firmen (z.B. Modus und Bertrandt) und bieten aktuell keine freien Stellen für reine Testfahrer an. Die einzige Möglichkeit, als Fahrer zu beginnen ist dann ...
Mehr anzeigen
Freitag um 13:27 · Gefällt mir

Schreibe einen Kommentar ...

G
Hallo liebes BMW Karriere- Team,

Sie haben mich bisher schon in einigen Studienprojekten unterstützt, wofür ich Ihnen sehr dankbar bin! Derzeit schreibe ich meine Masterarbeit zum Thema "Personalentwicklung für Best Ager (=Arbeitnehmer ab 50) in Zeiten des demographischen Wandels". Dabei befrage ich sowohl Best Ager als auch Unternehmensvertreter.

Gerne würde ich auch dieses Mal Ihr Unternehmen ...
Mehr anzeigen
Gefällt mir · Kommentieren · Freitag um 10:11

BMW Karriere Hallo G
wir erinnern uns an dich ;-) Wir haben deine Anfrage an die entsprechende Abteilung weitergeleitet. Falls diese Bedarf sehen, werden Sie sich mit dir in Verbindung setzen. Wir wünschen dir schonmal viel Erfolg bei deiner Masterarbeit!

Beste Grüße,
Matthias vom BMW Group Karriere Team
Freitag um 13:18 · Gefällt mir

G Hallo Matthias,
Freitag um 13:45 · Gefällt mir

G schön von Dir zu hören:) Und danke für's Weiterleiten! Ein schönes Wochenende, liebe Grüße G
Freitag um 13:45 · Gefällt mir

Quelle: Bosch Karriere (2012)

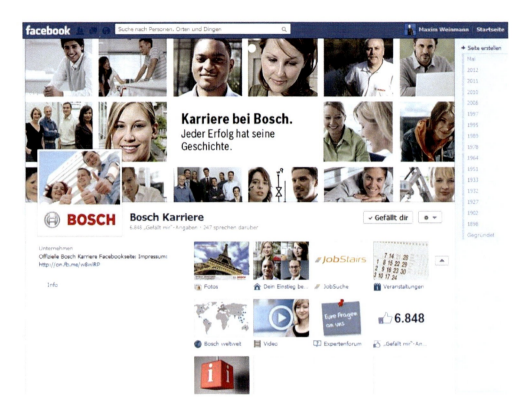

Die Karrierepage von Bosch beinhaltet nicht nur eine komplette Chronik der Firmenhistorie, wie sie rechts außen im Bild zu finden ist, sondern darüber hinaus ein Expertenforum, in dem sich gezielt mit Einzelaspekten einer Bewerbung, des Bewerbungsverfahrens und des zukünftigen Arbeitsplatzes befasst wird.

In der nachfolgenden Abbildung wird exemplarisch der Umgang mit einer Frage aufgezeigt, die eine längere Bearbeitungszeit erfordert.

K
Sehr geehrtes Karriere Bosch-Team,
ich werde Anfang Juli ein Praktikum bei der Robert Bosch GmbH in Bühl beginnen. Ich müsste von Karlsruhe nach Bühl mit dem Zug pendeln und bräuchte ein geeignetes Kvv-Ticket für die Dauer des Praktikums, das 2 Monate andauern wird.
Da ich aber noch keinen Studentenausweis besitze (erst ab 1. Oktober) und so kein Studi-Ticket beantragen kann, weiß ich nicht welches Ticket für diese Zeit geeignet ist.
Erhalten Bosch Studenten für diese Zeit einen Zuschuss für die Fahrtkosten?

Mit freundlichen Grüßen
K

Gefällt mir · Kommentieren · 8. Juni um 17:34

Bosch Karriere Hallo K   ich erkundige mich am Montag zu Deiner Frage und melde mich dann. Liebe Grüße und ein schönes WE, Marius
8. Juni um 17:48 · Gefällt mir

K   Danke schön, für die Mühe. Ich werde auf die Antwort warten ;).
8. Juni um 17:50 · Gefällt mir

Bosch Karriere Guten Morgen K   die Ansprechpartnerin am Standort Bühl ist morgen wieder im Büro. Ich melde mich dann, sobald ich etwas weiß. Viele Grüße, Marius
11. Juni um 09:21 · Gefällt mir

K   Das wäre toll ;)
11. Juni um 12:09 · Gefällt mir

Bosch Karriere Hallo K   ich habe gerade mit der Personalabteilung am Standort Bühl gesprochen. Bitte kontaktiere sie direkt, sie können Dir dann weiter helfen. Liebe Grüße, Marius
12. Juni um 16:17 · Gefällt mir

K   Es wäre wirklich hilfreich wenn ich dazu E-mail Adresse und Telefonnummer erhalten könnte.
12. Juni um 16:19 · Gefällt mir

Bosch Karriere Hallo K   die Personalabteilung wird sich mit Dir in Verbindung setzen. Viele Grüße, Marius
13. Juni um 09:27 · Gefällt mir

K   Danke für die Hilfe. Liebe Grüße K
13. Juni um 12:37 · Gefällt mir

Quelle: Daimler CAReer (2012a)

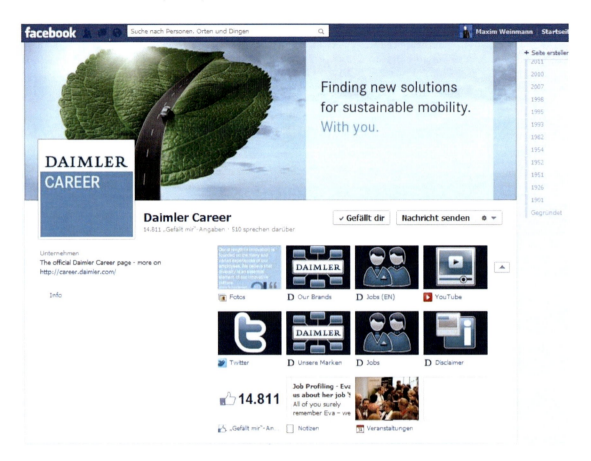

Die CAReer-Seite von Daimler verweist nicht nur auf andere Accounts wie Twitter und YouTube, sondern teilt die ausgeschriebenen Stellenanzeigen zusätzlich in deutsche und internationale auf. Darüber hinaus ist auch hier eine Firmenhistorie enthalten sowie eine graphisch veranschaulichte Erklärung der Organisationstruktur in Deutsch und Englisch.

Quelle: Lufthansa (2012)

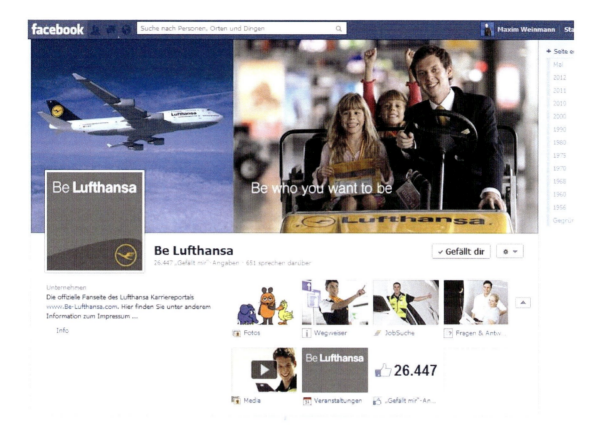

Quelle: Otto Group (2012b)

Die Karrierepage der Otto Group stellt schon mit dem Profilbild die beiden Onlineredakteurinnen in den Mittelpunkt des Auftritts und gibt so einen direkten Ansprechpartner. Des Weiteren werden alle Unternehmensstandorte in einer Karte aufgeführt und die Rubrik „Otto Group Links" verweist sowohl auf die klassische Karriere-Website als auch auf den Azubiblog.

Der Social Media Auftritt hat in punkto Erfolg längst klassische Anzeigenkampagnen abgehängt und ist somit fast alleiniges Azubimarketing-Instrument.

C
Liebes Otto Group Karriere Team,

ich schreibe derzeit an meiner Diplomarbeit zum Thema "Die Relevanz der Social Media für erfolgreiches Employer Branding". Ich würde mich sehr freuen, wenn jemand aus Eurer Personal-/Marketingabteilung an meiner diesbezüglichen Online-Umfrage teilnehmen würde. Bitte nennt mir eine E-Mail-Adresse, an die ich den Link zur Umfrage schicken kann (gerne auch per persön...
Mehr anzeigen

Gefällt mir · Kommentieren · 27. April um 12:27

 Otto Group Karriere Liebe Christina, schick uns den Link bitte an job@otto.de. Liebe Grüße,
27. April um 13:28 · Gefällt mir

 C Vielen Dank!
27. April um 13:32 · Gefällt mir

Schreibe einen Kommentar ...

M
Hallo habe eine Frage? Sucht ihr auch Social Media Manager?

Gefällt mir · Kommentieren · 26. April um 11:53

 Otto Group Karriere Hallo Maria, wir haben schnell nachgeschaut: Wir suchen zwar viele neue Kollegen im E-Commerce und im Onlinebereich, ein Social Media Manager wird jedoch leider nicht gesucht. Sollte sich hier etwas tun, findest du alle unsere ausgeschriebenen Stellen unter http://www.ottogroup.com/karriere. Wir drücken dir die Daumen!

Otto Group: Karriere
www.ottogroup.com
Zur Otto Group gehören 123 wesentliche Konzerngesellschaften aus den Bereichen Multichannel-Einzelhandel, Finanzdienstleistungen und Service.

26. April um 12:17 · Gefällt mir

 M Danke für die schnelle Antwort - Super!!!
26. April um 12:18 · Gefällt mir · 1

Schreibe einen Kommentar ...

Anlage 17: Facebook: Ranking der Karrierepages März 2012 (Auszug Top 100)

Quelle: personalmarketing2null (2012)

Karriere-Pages auf Facebook Status März 2012 — Top 100 nach Fanzahler

Page	Fans	+/-	Eigene Posts	Likes	Comments	User Posts	Likes	Comments
BMW Karriere	63.331	10.368	17	1.557	117	163	146	245
Bundeswehr-Karriere	49.389	11.245	21	3.329	599	295	122	1.410
Karriere bei Audi	33.387	6.598	24	1.977	125	79	61	96
Back dir deine Zukunft	29.860	1.240	14	273	46	11	1	1
Be Lufthansa	24.411	1.179	29	914	90	88	17	141
Volkswagen Karriere	20.436	2.244	18	595	51	21	5	40
Krones AG	13.863	667	77	2.138	329	22	35	15
Daimler Career	13.575	520	46	895	251	49	19	60
Ernst & Young Deutschland	8.557	592	17	320	50	13	1	23
DFS Deutsche Flugsicherung	8.494	136	16	352	129	53	26	268
Bayer Karriere	8.198	185	20	126	12	9	1	7
Evonik	7.997	286	7	72	2	8	0	1
BASF Karriere	7.717	1.754	22	182	16	13	1	19
KFC Deutschland Karriere	7.500	1.632	10	68	14	16	6	14
Lehre bei Porsche	6.636	n/a	14	174	88	3	2	5
Siemens Ausbildung	6.546	97	26	453	110	5	5	10
Karriere bei Accenture	6.411	1.120	39	443	62	6	11	7
Media-Saturn	6.239	47	2	3	1	12	16	35
DOUGLAS HOLDING Karriere	5.969	688	9	109	6	3	1	1
Roche Careers	5.937	185	33	350	106	12	1	11
Stihl Karriere	5.861	68	13	25	4	5	0	0
PwC Karriere	5.752	721	15	319	25	9	5	12
Polizei Niedersachsen Karriere	5.648	219	4	119	30	16	2	25
Telekom Karriere	5.296	192	26	244	45	17	19	16
REWElution	5.248	-33	8	39	0	0	0	0
Siemens AG Careers	5.069	164	19	130	8	0	0	0
GIZ Jobs	4.989	198	87	71	15	0	0	0

Anlage 18: Gründe gegen die Nutzung sozialer Medien

Quellen: BITKOM (2011); sowie BITKOM (2012)

Gründe für die Nicht-Nutzung privater Personen nach BITKOM (2011), S. 31

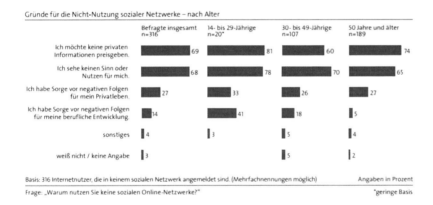

Gründe für die Nicht-Nutzung von Unternehmen nach BITKOM (2012), S. 22

Anlage 19: Ergebnisse Stiftung Warentest: Test 04/2010 Soziale Netzwerke

Quelle: Stiftung Warentest (2012b)

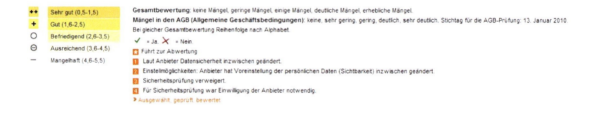

Angebote	schülerVZ	studiVZ	wer-kennt-wen.de	Xing	Stayfriends	Facebook [2]	LinkedIn
Internetadresse www.	schuelervz.net	studivz.net	wer-kennt-wen.de	xing.com	stayfriends.de	facebook.com	linkedin.com
test- Gesamtbewertung	Einige Mängel			Deutliche Mängel [3]	Erhebliche Mängel	Erhebliche Mängel [2]	Erhebliche Mängel [3]
Organisation und Transparenz	befriedigend (2,6)	gut (2,2)	befriedigend (2,8)	befriedigend (3,3)	ausreichend (3,8)	ausreichend (3,9)	ausreichend (4,9)
Datenschutzmanagement	O	++	O	O	O	–	–
Datenschutzerklärung	+	O	+	O	O	–	–
Einstellmöglichkeiten	+	+	+	+	O	++	O
Umgang mit Nutzerdaten	sehr gut (1,4)	gut (1,8)	gut (2,0)	gut (2,0)	gut (2,3)	mangelhaft (5,0)	ausreichend (3,7)
Zulässigkeit der Datenverarbeitung	++	+	+	++	+	– [*]	+
Angemessenheit der Protokolldaten	+	+	O	+	O	O	O
Weitergabe von Daten an Dritte	++	++	++	+	++	–	O
Datenlöschung	++	++	++	+	+	+	O
Datensicherheit	ausreichend (3,9)	ausreichend (3,9)	mangelhaft (4,8)	mangelhaft (5,0)	mangelhaft (4,6)	mangelhaft (5,0)	mangelhaft (5,0)
Technische Maßnahmen	+	+	+	+	O	O	+
Registrierung und Anmeldung	+	+	O	O	O	O	+
Sicherheitsprüfung	O [*]	O [*]	– [*]	Prüfung verweigert	– [*]	Prüfung verweigert	Prüfung verweigert
Einwilligung zur Sicherheitsprüfung [4]	Ja	Ja	Ja	Nein [*]	Ja	Nein [*]	Nein [*]

Nutzerrechte	sehr gut (1,1)	sehr gut (1,1)	befriedigend (2,6)	befriedigend (2,6)	ausreichend (4,3)	mangelhaft (5,3)	befriedigend (3,5)
Verfügungs- und Nutzerrechte	++	+	O	+	O	—	O
Überwachung und Schlichtung	+	+	+	O	—	—	O
Jugendschutz	ausreichend (3,8)	befriedigend (3,0)	ausreichend (4,0)	ausreichend (4,5)	mangelhaft (5,2)	ausreichend (4,5)	befriedigend (3,5)
Schutz vor jugendgefährdenden Inhalten	⊖	O	⊖	⊖	—	⊖	O
Jugendschutzmanagement	+	Entfällt	O	Entfällt	—	—	Entfällt
Informationen für Eltern	O	Entfällt	O	Entfällt	—	⊖	Entfällt
Mängel in den AGB	sehr gering	sehr gering	keine	sehr gering	keine	sehr deutlich	sehr deutlich
Angebotsmerkmale							
Sitz des Anbieters	Deutschland	Deutschland	Deutschland	Deutschland	Deutschland	USA	USA
Markteintritt laut Anbieter	2007	2005	2006	2003	2002	2004	2003
Mitgliederzahl weltweit in Mio. ca., laut Anbieter	5,6	10,4 (inkl. meinVZ)	7,7	8,3	10	400	60
Nutzung ausgelegt auf Anonym / Pseudonym / Realnamen	✗ / ✗ / ✓	✗ / ✗ / ✓	✗ / ✗ / ✓	✗ / ✗ / ✓	✗ / ✗ / ✓	✗ / ✓ / ✓	✗ / ✗ / ✓

Anlage 20: Veränderter Xing Auftritt 2006 & 2012

Quelle: Xing (2012a): Auf Jobvermittlung ausgerichtet

Quelle: Rizzi, E. (2012): Auf berufliche Kontaktpflege ausgerichtet

Anlage 21: Altersstruktur der User von Facebook und Xing

Quelle: Zur Jacobsmühlen, T. (2011)

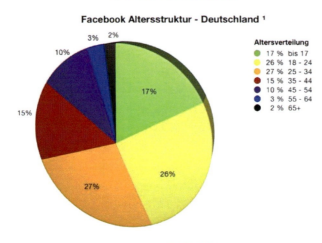

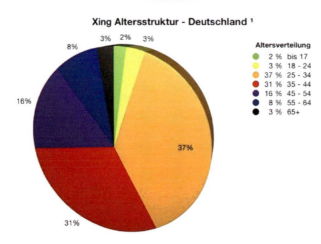

Anlage 22: Corporate YouTube Channel

Quelle: Tchibo (2012)

Unternehmens YouTube-Karriere-Kanal am Beispiel Tchibo

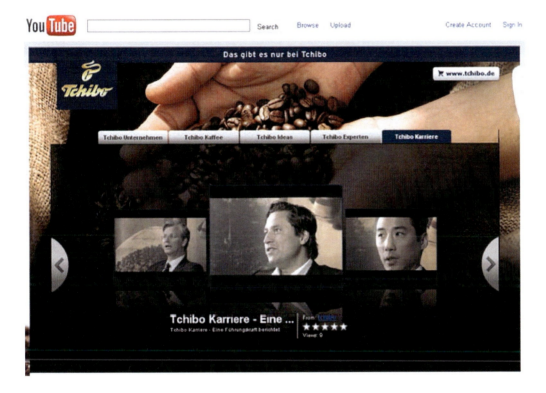

Anlage 23: Beispiele zu Personalmarketing auf Twitter

Quelle: Bertelsmann (2012)

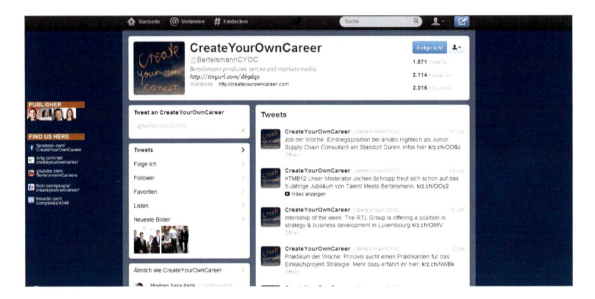

Der internationale Twitter-Account von Bertelsmann unter dem Motto „CreateYourOwnCareer" veröffentlicht Tweets sowohl in deutsch als auch in englisch. Die Autoren sind links mit Bild und Direktansprachemöglichkeit aufgeführt und auf andere Social Media Plattformen wird verwiesen.

Quelle: Daimler CAReer (2012b)

Quelle: Deutsche Bahn (2012)

Der Karriere Account der Deutschen Bahn ist der erfolgreichste seiner Art in Deutschland und stellt mit großem Bild die Autoren und Moderatorin in den Mittelpunkt. Die Tweets geben zu erkennen, dass hier nicht nur Unternehmens-Informationen vermittelt werden, sondern auch durch interessante Artikel anderer Autoren ein Mehrwert für die Follower geschaffen wird.

Quelle: Kühne & Nagel (2012)

Der Twitter-Account von Kühne & Nagel tritt zwar nicht als reiner Personalmarketing-Account auf, wird jedoch auch zur Bekanntmachung offener Stellen genutzt. Seinen Platz in der Auflistung findet er, da er beispielhaft für den Einsatz in der Logistik steht und nahe an das Design eines DACHSER-Accounts kommen könnte.

Quelle: Otto Group (2012c)

Quelle: Unilever (2012)

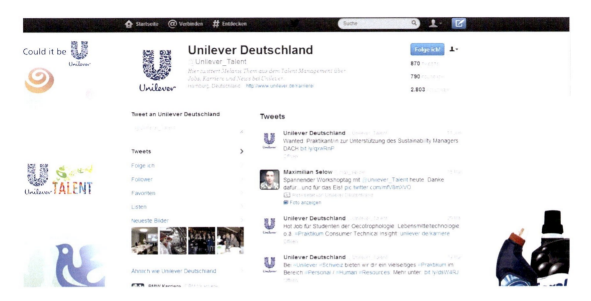

Der Unilever-Account zielt maßgeblich auf die Zielgruppe der Hochschulabsolventen ab, indem er relevante Informationen für Studenten und darüber hinaus Praktika, Trainee-Programme und direkte Einstiegsmöglichkeiten im eigenen Haus bewirbt.

Anlage 24: Twitter Career Channels 1000 Club

Quelle: Recrutainment-Blog (2012a)

Die Karriere-Twitter-Kanäle der Unternehmen im Vergleich (Stand 04/2012)

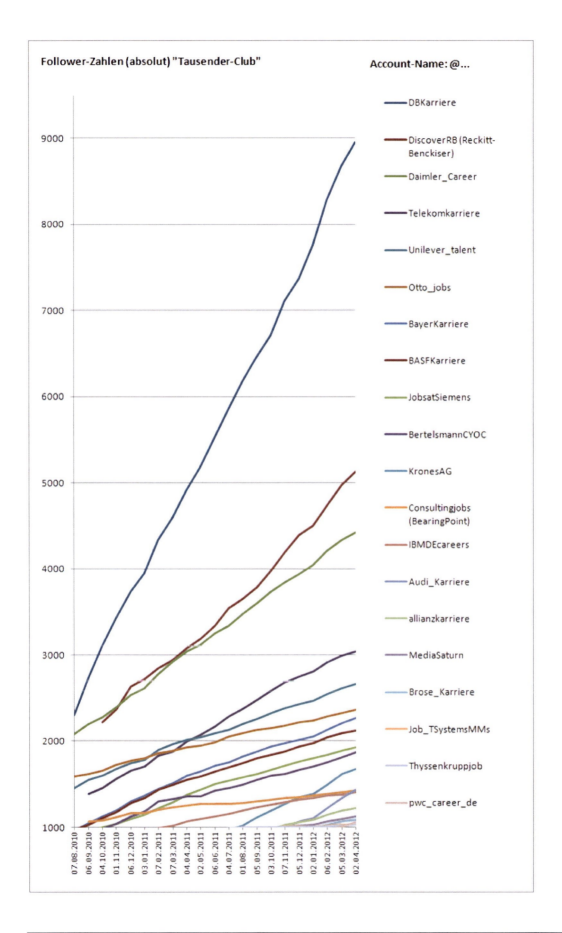

Anlage 25: Corporate Wikipedia-Seite BP

Quelle: Wikipedia (2012d)

BP

Dieser Artikel behandelt das internationale Energieunternehmen *BP*. Weitere Bedeutungen dieser Abkürzung sind unter BP (Begriffsklärung) aufgeführt.

BP (früher für „British Petroleum", heute Backronym für das Motto „beyond petroleum"[4]) ist ein international tätiges Energieunternehmen mit Hauptsitz in London, Vereinigtes Königreich. CEO ist seit 1. Oktober 2010 Robert Dudley, der Tony Hayward ablöste. Weltweit erwirtschaftete BP 2009 einen Konzernumsatz von 239 Milliarden US-Dollar und beschäftigte 80.300 Menschen. Weltweit werden täglich 83 Millionen Barrel Öläquivalent gefördert. Davon fördert BP täglich 4 Millionen Barrel (circa 57 Prozent Erdöl und etwa 43 Prozent Erdgas). Das Unternehmen besitzt rund 22.400 Tankstellen und bedient täglich 13 Millionen Kunden.

In Europa ist die BP Europa SE (vor dem 1. Januar 2010 in Deutschland: Deutsche BP AG) mit ihrem inländischen Tankstellennetz und im Schmierstoffmarkt führend, wobei sie unter den Marken Aral (Tankstellen, Schmierstoffe) und Castrol (Schmierstoffe) auftritt. Der Hauptsitz des Unternehmens ist Hamburg, Vorstandsvorsitzender ist Uwe Franke. 2010 verbuchte die BP Europa SE in Deutschland einen Jahresumsatz von mehr als 44 Milliarden Euro (knapp 32 Milliarden Euro ohne Energiesteuer). In Deutschland sind mehr als 5.100 Menschen bei BP tätig. BP besitzt das zweitgrößte Raffineriesystem in Deutschland[5]. Zudem ist Deutschland einer von drei weltweiten BP-Forschungsstandorten. In Bochum forschen 70 Mitarbeiter, beispielsweise an der Entwicklung neuer Kraftstoffe. Ein Entwicklungscenter für Industrieschmierstoffe ist in Mönchengladbach beheimatet. Dort sind ca. 145 Mitarbeiter beschäftigt.

Inhaltsverzeichnis [Verbergen]
1. Geschichte
   1.1 International
   1.2 Deutschland
2. Marken
   2.1 BP
   2.2 Aral
   2.3 Castrol
3. Geschäftsfelder
   3.1 BP Solar
   3.2 Weitere Geschäftsfelder in Deutschland
4. Kritik und Umweltkatastrophen
   4.1 Prudhoe Bay
   4.2 Raffinerie BP Texas City
   4.3 Ölplattform Deepwater Horizon
   4.4 Vorwürfe der Menschenrechtsverletzung
5. Konsortien
6. Anteilseigner (veraltet)
7. Bücher
8. Weblinks
9. Einzelnachweise

	BP plc
Rechtsform	Public Limited Company
ISIN	GB0007980591
Gründung	1917
Sitz	London, Vereinigtes Königreich
Leitung	Robert Dudley (CEO)
Mitarbeiter	79.700 (2010)[1]
Umsatz	386,4 Mrd. US-Dollar (2011)[2]
Gewinn	25,7 Mrd. US-Dollar (2011)[3]
Branche	Mineralöl, Tankstellen
Website	www.bp.com

Anlage 26: Anwendungsdauer Social Media Tools

Quelle: Bernauer, D. et al. (2011), S. 118 f.; sowie Ullrich, F. (2012), S. 34 f.; sowie Buschbacher, J. (2012); sowie t3n (2011)

Grundlegende Zeitannahmen zur Nutzung von Social Media:

Diese Zeitangaben beziehen sich zwar auf eine sehr hohe Partizipation an Social Media, können aber grundsätzlich als richtungsweisend angesehen werden.

Unterteilt nach Tools findet man häufig folgende Zeitaufteilung:

Twitter:

Recherche / Dialog / Verteilen von Links, Videos und Bildern: 30 bis 45 Minuten pro Nutzung, 3-4 Nutzungen täglich.

⇨ 1 ½ bis 3 Stunden täglich

Facebook:

Checken der Fanpage, Beantwortung von Kommentaren, 1 Post am Tag; 3 Nutzungen je 30 bis 60 Minuten täglich.

⇨ 1 ½ bis 3 Stunden täglich

Die Angaben zu Twitter wie auch Facebook beinhalten je 1 bis 2 Stunden für die unternehmensinterne Kommunikation. Dies sind vor allem Rückfragen an Abteilungen zur Gewinnung fachspezifischer Informationen.

Azubi-Blog:

3 bis 5 Artikel pro Woche; 2-3 Stunden je Artikel.

⇨ 8 bis 10 Stunden wöchentlich.

Anlage 27: Analyse- und Monitoring-Tools

Bilder zur Veranschaulichung des Social Media Monitorings und der Analyse Mittels der Freeware Google Analytics (Abbildung 1) und der Facebookinternen Fanpageauswertung (Abbildung 2).

Quelle: Google Analytics (2012)

Quelle: t3n (2010); sowie facebook (2012)

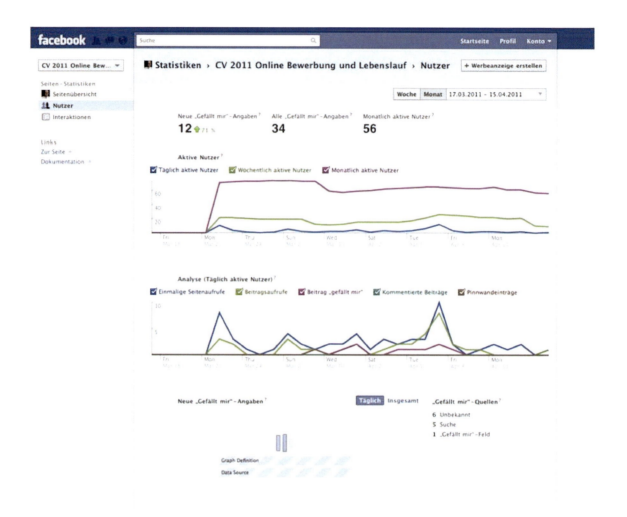

Demografie

Geschlecht und Alter

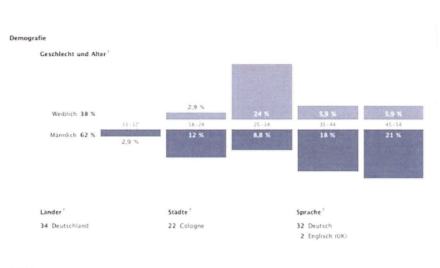

Weiblich 38 %
Männlich 62 %

	13-17	18-24	25-34	35-44	45-54
Weiblich		2,9 %	24 %	5,9 %	5,9 %
Männlich	2,9 %	12 %	8,8 %	18 %	21 %

Länder
34 Deutschland

Städte
22 Cologne

Sprache
32 Deutsch
2 Englisch (UK)

Aktivität

Seitenaufrufe

☑ Seitenaufrufe ☑ Einmalige Seitenaufrufe

Tab-Ansichten insgesamt
98 Information
57 Pinnwand
12 | page_getting_started
6 RSS Graffiti
5 Links
4 Diskussionsforen
4 Fotos
3 | notes
2 | taggednotes
2 SlideShare

Externe Verweise
43 google.de
5 google.ch
3 cv-2011.de
3 google.com
3 google.at

Medienkonsum

☑ Videoaufrufe ☑ Audioaufrufe ☑ Fotoaufrufe

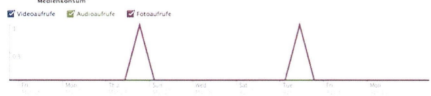

Facebook © 2011 Deutsch   Über uns Werbung Entwickler Karrieren Datenschutz Impressum/Nutzungsbedingungen Hilfe

Anlage 28: Facebook-Knigge

Quelle: Deutscher Knigge-Rat (2010); sowie Grabs, A.; Bannour, K. (2011), S. 249 f.

Im Folgenden werden weitere, die Social Media Guideline ergänzende und für Facebook spezifizierende Regelungen getroffen.

1. Kein Spam

   Vermeiden Sie plumpe Eigenwerbung für das Unternehmen und seine Produkte.

2. Authentizität

   Geben Sie sich nicht als jemand anderes aus. Sie sollten als Azubi, Community Manager oder allgemein als HR-Manager zu erkennen sein.

3. Beleben Sie Debatten

   Entstehen Diskussionen unter Fans, ist es Ihre Aufgabe, diese im Auge zu behalten und durch geschickte Moderation am Leben zu erhalten.

4. Humor anstelle von Zensur

   Entschärfen Sie all zu heftige Diskussionen mit Fans durch Humor anstelle des kommentarlosen Löschens von unliebsamen Beiträgen.

5. Dauerhaftigkeit

   Denken Sie stets daran, dass alle Inhalte, Bilder und Äußerungen, die Sie verbreiten, dauerhaft im Internet gespeichert und auffindbar sind.

6. Seiteneinladungen

   Vermeiden Sie das mehrmalige Verschicken von Seiteneinladungen an dieselben Personen. Diese wirken schnell lästig und führen selten zum Erfolg. Jemand, der der zweiten Einladung nicht gefolgt ist, wird der fünften sicher auch nicht nachkommen.

7. Keine Chance für Trolle

   Die Bezeichnung „Trolle" beschreibt User, die in Blogs, Foren und Social Networks lediglich in Form von Pöbeleien und Beleidigungen aktiv werden. Diesen Trollen begegnen Sie durch eine einmalige schriftliche Aufforderung, solche Aktionen unterbleiben zu lassen. Bleibt diese Nachricht wirkungslos, hilft letztlich nur die Löschung des Trolls.

8. Geben Sie Empfehlungen

   Der Mehrwert, den Unternehmen ihren Fans bieten, muss sich nicht ausschließlich auf Karriere-Tipps begrenzen. Es ist Ihnen ebenso gestattet, Empfehlungen zu Filmen, Büchern und Musikern oder auch Restaurants in der Nähe des zukünftigen Arbeitgebers zu machen. Dies sorgt für Abwechslung, regt den Dialog und somit den viralen Effekt an und erhöht die Glaubwürdigkeit, da die Autoren menschlicher wirken.
   Achten Sie jedoch darauf, dass der Fokus des Azubimarketings immer gewahrt wird.

Anlage 29: 10 Gründe für den Corporate Blog anstelle der Facebook-Seite

Quelle: Recrutainment-Blog (2012c)

FACEBOOK OR BLOG?
TOP 10 REASONS BUSINESS BLOGGING IS BETTER THAN FACEBOOK

#10 STABILITY.
No frustrating changes to deal with – Facebook changes are fast and furious, and they can drive you nuts! But your blog is self-hosted, stable, consistent and dependable.

#9 BIGGER PAYOFF.
Facebook marketing is a risky and uncertain investment, but when done right, the time invested in your blog ALWAYS pays off.

#8 SEO.
When done right, blogging improves your search ranking through in-bound links & key-word optimization. Facebook doesn't contribute to your search ranking.

#7 LONG SHELF LIFE.
Your blog articles have a long shelf life because they will continue to be found in search for months/years. Facebook updates only last a few days at the most.

#6 NEWS FEED.
Facebook decides who sees your updates, but on your blog ANYONE AND EVERYONE can see your content.

#5 CONTENT HUB.
A blog is the hub of your content and where your thought leadership starts. Facebook only helps you to distribute/promote your content.

#4 OFFER MORE VALUE.
FB fans will only 'Like' your brand if they think you have something of value to offer. But on your blog you can give them more value via helpful tips, advice, and teaching them new things.

#3 MORE CLICKING.
A compelling link on your blog will most likely be clicked while a link to your Facebook page will most likely be ignored!

#2 REACH MULTIPLE AUDIENCES.
This includes RSS, email, site visitors, and ALL social networks. On Facebook you can only reach the people that 'like' your page.

AND THE #1 REASON BUSINESS BLOGGING IS BETTER THAN FACEBOOK...

CONTROL.
You get to do what YOU want... NOT what Mark Zuckerberg wants!!

Anlage 30: Vergleich von Web 2.0 und Social Media

Quelle: Wordle (2012)

Die beiden Tagclouds zum Begriff Web 2.0 und Social Media verdeutlichen die Unterschiede zwischen deren Verständnis. Die folgenden Abbildungen zeigen auf, dass der Fokus des Web 2.0 auf der technischen Entwicklung liegt, während Social Media die kulturelle Entwicklung aufbauend auf den neuen technischen Möglichkeiten betrachtet.

Letzteres wird besonders durch das hervorheben des Begriffs „people" im Zusammenhang mit Social Media verdeutlicht.

Anlage 31: Social Media Spickzettel

Quelle: Social Media Manager (2012)

Social Media Spickzettel
Social Media Dienste im Überblick

Charakteristik

		Charakteristik	
Social Networks	Xing	Wichtigtes B2B Netzwerk in Deutschland. Auf den Profilen der Nutzer finden Unternehmen bewerbungsrelevante Informationen wie Lebenslauf oder Zeugnisse. Gruppen bieten die Möglichkeit des Austauschs über gemeinsame Interessen und branchenspezifische Themen.	b2b
	LinkedIn	Wichtigtes internationales B2B Netzwerk. Nutzer können mehrsprachige Profile anlegen, welche als PDF heruntergeladen, ausgedruckt und weitergeleitet werden. Kontakte aus LinkedIn können als csv oder fsv Datei exportiert und weiterverarbeitet werden.	b2b
	Facebook	Kurze Statusmeldungen und längere Social Media Posts mit Links, Bildern und Videos veröffentlichen. Über den „Gefällt mir" und den „Teilen" Button können Fans Beiträge viral verbreiten. Unternehmen können spezielle Kampagnenseiten für Produkte oder Firmen erstellen.	b2b b2c
	Google+	Grupppen ("Kreise") anlegen und News gezielt an diese verbreiten. Das Social Network ist mit anderen Google Diensten wie Youtube oder der Google Suche verknüpft. In Chats („Hangouts") können mehrere Nutzer gleichzeitig audiovisuell miteinander in Kontakt treten."	b2b b2c
	Myspace	Hauptschwerpunkt des Social Networks ist die Musikbranche. Nutzer können ihre Seiten individuell mit Grafiken und Sounds einrichten Das Schließen neuer Bekanntschaften steht im Vordergrund, weniger das Teilen von Beiträgen.	b2c
	Blogger.de	Blogs anlegen und mit Bildern versehen. Andere Nutzer können Beiträge kommentieren.	b2c
	Tumblr	Kurz-Texte, Bilder, Zitate, Chatlogs, Links und Video- bzw. Audiodateien in einem „tumblelog" veröffentlichen. Nutzer haben die Möglichkeit, fremde Einträge zu „rebloggen" und in ihren eigenen Tumbleblog übernehmen.	b2c
	Friendfeed	„Lifestreaming"-Dienst. Nutzer können Posts aus Twitter, Facebook, Flickr oder Blogs einbinden. Beiträge anderer Nutzer können bewertet („like") und kommentiert werden, einzelne Feeds können ausgeblendet werden.	b2c
	MeinVZ	Deutsches Pendant zu Facebook. StudiVZ und SchülerVZ sind weitere Plattformen des VZ-Netzwerks, legen den Fokus jedoch auf bestimmte Zielgruppen.	b2c

Kategorie	Dienst		Beschreibung		
Micro Blogging Dienste	Twitter		Kurzmeldungen (Tweets) mit bis zu 140 Zeichen inklusive Link veröffentlichen („twittern"). Schlagworte per Rautenzeichen (#) als „Hashtag" einbinden Andere Nutzer können eigene Tweets verbreiten (Retweet).	b2b	b2c
	Twitxr		Ein Mikroblog, in dem Nutzer nicht nur Kurzmeldungen, sondern auch Bilder veröffentlichen können. Per Handy veröffentlichte Fotos werden geocodiert, so dass der Standort ebenfalls übertragen wird.		b2c
Content Sharing Netzwerke	Youtube		Bewegtbilder aller Art online stellen, z. B. Tutorials, Produktvorstellungen oder Videoblogs. Durch die „Einbetten"-Funktion können veröffentlichte Videos auf Webseiten integriert werden. Da Youtube in Google integriert ist, werden veröffentlichte Videos auch in der Google Suche indexiert.	b2b	b2c
	Google Docs		Texte, Tabellen, Präsentationen, Formulare und Zeichnungen hochladen und direkt bearbeiten. Dokumente können nur bestimmten Nutzern oder öffentlich zugänglich gemacht werden. Per Rechtevergabe können auch andere Nutzer Änderungen an den Dokumenten vornehmen.	b2b	b2c
	Slideshare		Hochgeladene Dokumente als privat oder öffentlich kennzeichnen, Dokumente auf Social Bookmark Verzeichnissen abspeichern, per E-Mail versenden oder über einen HTML-Code auf die eigene Website integrieren.	b2b	b2c
	Scribd		PDF, Word, PowerPoint oder Excel Dateien hochladen und für Nutzer freigeben. Dokumente mit Beschreibungen versehen und kategorisieren, um die Auffindbarkeit in Suchmaschinen zu erhöhen. Unternehmen können eingestellte Dokumente mit einem HTML-Code in ihre Website einbinden.	b2b	b2c
	Flickr		Bilder und Videos hochladen, mit Notizen versehen und anderen zugänglich machen. In Gruppen werden veröffentlichte Medien thematisch zusammengestellt.	b2b	b2c
	Multiply		Unternehmen können auf ihrer Multiply-Seite Produkte oder Dienstleistungen mit Fotos, Videos und Nachrichten vorstellen.	b2b	b2c
Social Bookmark Verzeichnisse	Delicious		Lesezeichen von anderen Webseiten anlegen und mit Schlagwörtern versehen. Lesezeichen können öffentlich sichtbar oder als privat gekennzeichnet werden. Links können nach Themen geordnet und in Listen verwaltet werden.		b2c
	Diigo		Ein Social Bookmark Dienst, interessante Links und Dokumente können mit Hilfe des Tools „Diigolet" direkt als Lesezeichen abgespeichert werden. Nutzer können Textpassagen markieren und eigene Notizen anfügen.		b2c
	Link merken		Ein Linkblog-Anbieter, Nutzer können Links ablegen, welche direkt per Verknüpfung auf Twitter gepostet werden.	b2b	b2c